부모갱신

부모가 변해야
자녀가 성장한다

부모갱신

조봉희 지음

교회성장연구소

가정의 앞마당 못지않게
뒷마당의 정리정돈이 필요하다

바다를 항해하는 배가 등대를 향해 저리 비키거나 움직이라고 교신하면 아무런 효과가 없다. 자기가 항로를 바꾸어야 한다. 변화의 주체는 그가 아니라, 나다. 내가 먼저 바뀌어야 한다. 문제 자녀만 탓하려 하지 말고, 그 배후에 문제 부모가 있을 수 있음을 인지해야 한다.

요즘 한국교육의 근원적 불행은 교육을 통해 신분 상승 외에는 다른 삶을 향한 출구를 보여 주지 못하는 데 있다. 우리는 자녀들을 무조건 상위 1%에 넣으려고 하다 보니 부작용이 많다. 부모의 과욕으로 억지를 쓰고 있는 것이다. 부모들의 욕심이 자녀들의 능력에 과부하를 걸어 자녀들로 하여금 자괴감에 빠져 살게 한다. 그래서 우리나라 대학생들은 '대학서열 중독증'을 앓고 있다.

이런 시대적 풍조에 대해 성경은 건강한 자녀양육 지침과 함께 부모 갱신을 요청하고 있다. 부모부터 자화상과 가치관이 달라져야 한다. 가정의 리더인 부모가 먼저 변화 받아야 자녀들도 끊임없이 새로워진다. 우리는 모두 하나님의 형상으로 갱신되어야 할 주인공들이다. 거두절미하고 내가 먼저 달라져야 한다.

요즘 시대적 상황이야말로 가족치유가 필요하다. 그런데 자녀들만 치유 대상으로 여길 것이 아니다. 부모부터 치유 받아야 한다. 대부분 부모들에게는 보이지 않는 상처가 내재하고 있다. 심리학자 조하리의 법칙에 따라 부모 자신부터 본인이 모르는 모습들로 얼룩져 있다. 일반적으로 어떤 일의 원인 중 상당 부분이 자기 안에 있다. 원인, 결과, 해법도 자기 안에 있다. 나를 가장 잘 아는 사람이 나이고, 나를 가장 잘 모르는 사람도 나 자신이다. 따라서 부모의 숨겨진 상처와 왜곡된 성품이 자녀들에게 전이되는 것이다. 그러므로 부모갱신이 먼저다. 부모가 달라지는 만큼 자녀들이 성숙한다. 자녀들은 부모의 뒷모습을 보고 자란다. 가정의 앞마당 못지않게 뒷마당의 정리정돈이 필요하다. 부모의 모습은 앞뒤가 같아야 한다. 그래야 자녀들이 건강한 정체성을 확립하며 살아간다.

필자는 성경에 등장하는 여러 부모들의 실제 모습을 있는 그대로 반추하여 부모갱신의 모델 케이스로 제시해 보았다. 우리가 그처럼 존경하는 믿음의 영웅들도 다른 분야에서는 성공했는데, 부모로서는 실패한 면모들이 많다. 그들의 치부가 아니라, 나 자신의 모습일 수 있다.

당신이 사회적으로 성공한 명사일지라도, 가정사역에 실패하고 있다면 솔직히 당신은 실패자다. 그래서 필자 자신부터 부모갱신을 외쳐 본다.

우리가 존경하는 김장환 목사님은 미국 여성 트루디 여사와 국제결혼을 하신 분이다. 큰아들 김요셉 목사의 간증이 눈물 나게 한다. 그는 한국인과 미국인의 혼혈이기에 정체성의 혼란을 겪으며 자랐다. 그래서 그가 미국에서 유학 중일 때 아버지를 학교에 오시지 못하도록 생짜를 부렸다. 아버지 김장환 목사님은 아들의 요청을 기꺼이 수락하셨다. 그러던 어느 해 방학을 맞아 아들 요셉은 아버지와 함께 여행을 했다. 한밤중 잠결에 침대 옆을 보니 아버지가 안 계셨다. 그런데 어디선가 아버지 목소리가 들려왔다. 잠에서 깨어난 아들 요셉은 아버지가 화장실에 들어가 무릎 꿇고 뜨거운 눈물을 흘리며 간절히 기도하는 모습을 보았다. 그날 그가 받은 감화가 그를 훌륭하게 성숙시켜, 오늘의 인물이 되게 한 것이다. 부모의 뒷모습 양육이 자녀들을 복되게 해준다.

이번에도 좋은 책이 되도록 고귀한 수고를 해주신 손길에 큰 감사를 드린다. 교회성장연구소 출판팀과 내 목회의 분신 사역자 목양실장에게 넘치는 감사를 드린다. 무엇보다도 부모갱신의 선도자 역할을 하고 있는 지구촌교회 교우들에게 이 책을 바친다.

더 나은 부모가 되고픈
조봉희

우리가 자녀를 사랑하고 칭찬하는 것은
현재 있는 대상을 칭찬하는 것이 아니요,
우리가 기대하는 미래의 대상을 칭찬하는 것이다.

−괴테

목
차

1 부모의 뒷모습 양육

창세기 12:10-13; 26:6-9

몇 해 전 조선일보 오피니언 면에 실린 '사단법인 함께하는 아버지들' 김혜준 대표의 글을 읽으며 공감한 적이 있다. 수능을 마친 고3 학생들에게 이런 질문을 한다.

"앞으로 1년밖에 살지 못한다면, 꿈을 이루는 것과 돈 5억 원 중 무엇을 선택하겠습니까?"

학생들은 모두 같은 것을 선택한다.

"꿈을 이루고 싶습니다."

스무 살 젊은이다운 응답이다.

그런데 이 질문에 대한 아버지들의 대답은 다르다. 그들은 모두 자신의 꿈을 이루는 것보다 5억 원을 선택한다. 이유는 하나다. 바로 '가족들을 위해서'다.

이것이 아버지의 모습이다. 아버지의 본질적 사명의식이고 가장의식이다. 아버지는 죽음의 문턱 앞에서도 자신의 안위를 염려하기보다 가족을 먼저 생각하고 위하는 존재다.

그런데 이처럼 아버지로서 사명감을 품고 살아도 가족들에게 존경받지 못하고 오히려 쓸쓸한 뒷모습을 남기는 경우가 적지 않다. 남자로서는 성공했을지 몰라도 아버지로서, 남편으로서는 실패한 것이다. 실제로 대부분의 남자들이 '아버지 됨'에 많은 시행착오를 겪으며 살아간다. 그리고 돌이키기에는 너무 멀리 와 버린 경우도 있다.

아버지의 마음속을 들여다본 적이 있는가? 아버지의 마음을 헤아려본 적이 있는가? 이 땅의 아버지들에게는 회한이 있다. 자녀에게 훌륭한 모범이 못 되고 있다는 가책이 있고, 또 다른 한편에는 좀 더 좋은 아버지가 되겠다는 다짐이 있다. 그래서 아버지의 마음은 착잡하다.

아버지는 속으로 울고 겉으로는 위로한다. 속으로 사랑하고 겉으로는 책망한다. 사랑으로 가족을 돌보고 미래를 걱정하면서도, 그 깊은 감정을 그저 몇 번의 헛기침에 담는다. 그러기에 아버지는 고독한 존재가 아닐 수 없다. 안타깝게도 많은 자녀들이 그 아버지의 마음을 아버지가 돌아가신 후에나 조금 짐작할 뿐이다. 살아 계실 때는 미처 알아채지 못한 마음들을, 무심코 지나친 모습들을 두고두고 생각나게 하는 존재가 바로 아버지다. 아버지는 쉽게 단정하거나 해석할 수 있는 존재가 아니다. 그런 의미에서 '아버지'라는 이름은 신화다.

　김현승 시인의 '아버지의 마음'이라는 시의 한 구절이 가슴을 찡하게 한다.

아버지의 눈에는 눈물이 보이지 않으나

아버지가 마시는 술에는 항상 보이지 않는 눈물이 절반이다.

진정한 성공은 가정에서 드러난다

　우리가 성경이나 주변을 보면 쉽게 납득이 가지 않는 미스터리가 있다. 그중 하나가 나쁜 부모 밑에서 좋은 자녀가 나오고, 좋은 부모 밑에서 나쁜 자녀가 나오는 모순이다. 특히 믿는 가정에서 믿음 없는 자녀가 등장하고, 믿지 않는 부모 밑에서 신앙이 좋은 자녀가 배출되는 기이한 현상은 의문을 품게 만든다. 또 어떤 경우에는 훌륭한 부모임에도 불구하고 자녀양육에 실패한다. 이 외에도 그 이유를 함부로 단정할 수 없는 사례들을 우리는 종종 만난다.

　그런데 일반적으로는, '문제 자녀' 배후에 '문제 부모'가 있음을 인지해야 한다. 근래에는 이것을 나타내는 표현도 생겼다. "문제아는 없고, 문제 부모만 있다."

우리는 외형적으로 성공한 사람이 될 수 있다. 수완이 좋은 사업가, 뛰어난 전문가, 부자, 실력 있는 의사, 정의로운 변호사, 성공적인 투자가 등 소위 잘나가는 사람으로 인정받을 수 있다. 세상에서뿐만이 아니라 교회에서도 명망 있는 직분자가 될 수 있다. 그런데 아무리 많은 사람들에게 인정을 받고, 사회적으로 활발히 활동하며, 자기 분야에서의 능력이 뛰어나다고 해도, 그가 가정에서까지 '성공했다'고 확신할 수는 없다. 사회적인 성공을 보고 가정에서의 성공까지 이야기하는 것은 섣부른 판단이다. 어쩌면 가정에서는 실패자인지도 모른다. 그리고 사회의 여러 분야에서 성공했다고 하더라도 아버지로서, 혹은 남편으로서 실패했다면, 그 어떤 성공으로도 이 실패는 보상할 수 없다.

목회 경험이 풍부한 어느 목회자가 한 남자에 대한 질문을 받았다.

"그는 좋은 신자인가요?"

목사는 이렇게 대답했다.

"모르겠습니다. 아직 말하기 어렵습니다. 제가 그의 부인과 자녀들을 만나 보지 못했거든요."

깊게 생각해 볼 답변이다. 가정을 이룬 한 남자의 성공은, 아내와 자녀들을 통해 드러난다. 당신은 가족들로부터 어떤 평가를 받고 있는가?

자녀는 부모의 뒷모습에 영향을 받는다

자녀는 부모의 앞모습보다 뒷모습을 보고 배운다고 한다. 겉으로 드러나는 모습보다는 잘 드러나지 않은 속 모습이 참 가르침이 된다는 이야기다.

자녀들이 뛰어놀고 자라는 터는 '앞마당'이 아니라 '뒷마당'이다. 외부인은 앞마당을 보지만, 자녀는 뒷마당까지 구석구석 살피고 고루고루 발을 디디며 자란다. 그리고 실제로 자녀에게 영향을 주는 것은 잘 가꾸어진 앞마당이 아니라, 어질러진 뒷마당이다. 부모는 자녀에게 "이렇게 해야 한다"고 가르치지만, 자녀는 부모의 말이 아닌 부모가 살아가는 실제 모습에 더 큰 영향을 받는다.

그러므로 자녀에게 좋은 부모가 되고 싶다면, 말이 아닌 삶으로 바른 모습을 보여 주어야 한다. 무엇보다 먼저 하나님을 인생에서 가장 귀하게 여기는 모습을 삶에서 보여 주어야 한다.

최근 우리나라 국민소득이 3만 달러에 육박하고 있다. 경제적인 여유가 가정생활에도 스며들어 주일에 예배보다는 휴가를 우선으로 여기는 가정이 늘고 있다. 주일에 교회에 나와 예배드리는 대신 산 좋고 물 맑은 곳으로 자녀들을 데리고 나간다. 또한 자녀들에게 고가의 선물이나 다양한 것을 경험할 수 있는 여러 기회들을 준다.

그런데 이러한 환경은 하나님 중심의 신앙을 제대로 심어 주지 못한다. 경제적인 유익을 누리고, 새로운 문화를 접할 기회는 많겠지만 정작 가장 중요한 것이 무엇인지에 대해 바르게 인식시켜 주지 못한다. 이런 가정환경에서 자란 아이들은, 교회는 다녔기에 부모가 죽은 후에 추도 예배는 드리겠지만 신앙의 진정한 의미와 가치를 가지고 살아가지는 않을 확률이 크다. 당신은 자녀들에게 어떤 모습을 보여 주고 있는가? 자녀가 바라보는 당신의 뒷모습은 무엇이라고 생각하는가?

미국에서 부모가 자녀의 신앙생활에 미치는 영향에 대한 통계 결과를 발표했다. 부모가 모두 정규적으로 예배에 참여하면 그 자녀들의 33%가 정규적으로 예배를 드린다. 만일 엄마는 정규적으로 예배를 드리는 반면, 아버지는 불규칙적으로 드리면 자녀들의 59%는 불규칙적으로 예배를 드린다. 미국 교회는 이 결과를 근거로, 부모가 참된 신앙생활의 모습을 보여 주지 못하면 그 자녀들은 진정한 신앙인이 아닌, 그저 교회를 다니는 자(Church-goer)로 전락한다고 보고한다.

우리는 부모로서 자녀를 종교인으로 만들어서는 안 된다. 신앙인으로 키워야 한다. 그러려면 우선 자녀들에게 신앙적으로 존경받는 뒷모습을 남겨야 한다.

아브람의 뒷모습을 따른 이삭

아브람과 사래는 금실이 좋은 부부였다. 두 사람은 고생을 하면서도 서로를 다정하게 챙기며 살았다. 그러던 어느 날 가나안 땅에 큰 가뭄이 들어 그들은 이집트로 내려가게 되었다. 이집트에 도착하기 직전에 남편 아브람은 부인 사래에게 말했다.

"당신은 매우 아름다운 여자요. 이집트 사람들이 당신을 보면, '이 여자는 저 사람의 아내다'라고 말하며 당신을 빼앗기 위해 나를 죽일 것이오. 그러니 당신은 그들에게 내 '누이'라고 말하시오. 그러면 나에게 나쁜 일이 일어나지 않고, 당신 덕분에 나도 살 수 있게 될 것이오."

이때 사래의 나이는 65세였다. 당시로는 원숙미가 넘치는 나이였다. 이집트 여성은 피부색이 검은 반면, 바빌로니아 출신이었던 사래는 미모의 백인이었다. 아브람은 미모의 아내 때문에 사람들이 자기를 죽일까 봐 걱정이 앞섰던 것이다. 실제로 사래는 아브람의 이복 여동생이기에 오빠라고 불러도 무방하다. 하지만 이미 남편과 아내가 된 두 사람 사이에서 '누이'라는 호칭은 아브람 자신이 살기 위한 속임수였다.

아브람의 이런 거짓말은 이후에도 이어진다. 나중에 팔레스타인 남부 지역의 왕 아비멜렉에게 동일한 거짓말을 한 번 더 하게 된다(창 20장). 이것이 아버지 아브람이 아들 이삭에게 보여 준 부끄러운 뒷모습이다.

자기가 살기 위해 두 번씩이나 아내를 버리는 아버지의 뒷모습은 결코 아름답지 못했다.

그래서 아들 이삭도 훗날 자신의 생사가 위기에 처했을 때 아버지와 똑같은 행동을 하고 만다(창 26:7). 이삭의 이야기도 아브람과 크게 다르지 않다. 가나안 땅에 흉년이 들자 이삭은 팔레스타인 남부지역인 그랄로 내려갔다. 그의 부인 리브가는 어머니 사래처럼 매우 아름다운 여성이었다. 팔레스타인 지역의 사람들은 그의 매력적인 아내를 보며 누구냐고 물어 왔고, 이삭은 '누이'라고 대답했다. 본능적으로 거짓말이 나온 것이다.

흥미롭게도 아버지 아브람이 75세에 아내를 '누이'라고 속였는데, 아들 이삭도 70대 중반에 동일한 속임수를 썼다. 그야말로 죄성의 부전자전이다.

사실 리브가는 이삭의 외사촌 여동생이다. '누이'라는 표현이 잘못된 것은 아니다. 하지만 아브람의 경우와 마찬가지로 혼인을 통해 더 이상 동생이 아닌 아내가 되었음에도, 이삭은 자기가 살기 위해 남편이 아닌 오빠로 처신한 것이다.

부모의 뒷모습은 자녀들에게 그대로 답습된다. 안타깝게도 좋은 점보다 나쁜 점을 더 잘 닮게 되는 것이 사람의 습성이다.

우리 민족의 지도자 백범 김구 선생님이 애송했던 시를 교훈으로 삼아야 한다.

눈 덮인 들판을 걸어갈 때 함부로 어지럽게 걷지 말지어다.
오늘 내가 디딘 발자국은 언젠가 뒷사람의 길잡이가 되기 때문이니라.

아브람이 의도했든, 의도하지 않았든 그의 발자국은 아들 이삭에게 길잡이가 되고 말았다. 이것은 우리에게도 해당된다. 우리의 살아가는 모습이 자녀에게 길잡이가 된다. 그렇다면 우리는 자녀들에게 어떤 뒷모습을 보여 주면 좋을까?

아내를 실망시키지 맙시다

아브람은 사래에게 매우 큰 실망을 안겨 주었다. 단지 자신이 살기 위해 힘없는 아내를 돌보지 않은 것이다. 남자답게, 남편답게 목숨을 걸고서라도 아내를 보호했어야 하는데, 그는 그러지 못했다. 자신이 죽게 될지도 모른다는 생각에 아내를 지켜 주지 않은 것이다. 전혀 남편답지 못했다.

남편은 아내를 실망시키지 말아야 한다. 아내를 잘 돌보고 책임져야 한다. 예수께서 교회를 지키기 위해 십자가에서 못 박혀 죽으셨던 것을 기억하자. 바로 그 사랑으로 아내를 돌보아야 한다.

> 남편들은 그리스도가 교회를 사랑하듯이 아내를 사랑하십시오. 그리스도는
> 생명을 내어 주시기까지 교회를 사랑하셨습니다. (엡 5:25, 쉬운성경)

이것이 남편의 사명이다. 목숨을 걸고서라도 아내를 지키는 것이 남편이 마땅히 해야 할 일이다. 가정에서 자녀들은 아버지의 남자다움과 남편다운 뒷모습을 보며 자란다. 그러므로 아버지들은 아름다운 뒷모습, 존경스런 뒷모습을 보여 주며 살아가야 한다.

남편의 위상을 높여 줍시다

아브람이 아내 사래를 '누이'라고 속인 사건은 이삭이 태어나기 25년 전의 일이다. 그런데 어떻게 이삭이 아버지와 똑같은 속임수로 위기를 모면하려 할 수 있었을까? 이유는 충분히 짐작할 수 있다. 어머니 사래에게서 들어온 이야기이기 때문이다.

이삭이 이 사건의 전체 내용을 이해하기 위해서는 최소한 그의 나이

가 10살은 넘었을 것이다. 이 말은, 사래가 35년 이상 상처를 품고 살았다는 의미가 된다. 그럴 수밖에 없지 않은가? 한 번도 아닌 두 번씩이나 자기만 살겠다고 비겁하게 처신한 남편에 대한 실망은 쉽게 잊히기엔 너무나 컸다.

그래서 아들 이삭에게 아버지의 뒷모습을 여러 번 반복해서 이야기했을 것이다. 남편에 대한 실망과 상처로 어린 아들에게 아버지를 흉보며, 여차하면 아버지의 과거를 들추어냈을지도 모른다. 조금이라도 옛 기억이 떠오를 때마다 그 사건을 꺼내며 이삭 앞에서 아버지의 위상을 깎아내렸다. 조금 더 과격하게 표현하자면, "세상 못 믿을 사람은 네 아버지다. 남자는 못 믿을 존재다."라고 주입했을 수도 있다. '존귀한 아버지'라는 뜻의 이름, '아브람'의 위상을 실추시킨 것이다. 사래는 아들에게 동정을 얻으며 카타르시스를 느꼈을지도 모른다.

어머니로부터 아버지의 실수를 얼마나 많이 들었으면, 그 역시 아내 리브가를 여동생이라고 둘러댔을까? 학습의 결과인 셈이다. 그래서 학습된 성품이 무서운 것이다. 어머니의 뒷모습이 바르지 않았던 것이다.

남편 앞에서는 남편을 존중하는 것처럼 상냥하고 다정하게 굴면서, 남편이 없는 자리에서는 아이들에게 남편의 흉을 보는 어머니의 뒷모습은 이처럼 큰 역효과를 초래한다.

어머니들이여, 자녀들 앞에서 아버지의 위상을 세워 줄 것을 권한다.

사람들 앞에서 남편의 체면을 높여 주자. 특히 남편의 허물이나 실수를 들추어내지 말자.

대부분의 남자들은 과거의 실수에 대한 미안함과 반성을 가슴에 품고 살아간다. 사과의 표시가 서툴고, 전달력이 떨어질지는 몰라도 남자들의 본심은 착하다. 남자는 창조의 첫 작품이기에 순진하고 착한 존재다. 그에 비해 여자는 두 번째 작품이기에 약고 영리하다. 그래서인지 여자들은 간혹 남편의 과거 잘못을 들추어낼 때가 있다. 마치 약점을 잡고 있다는 듯이 행동할 때가 있다. 그런데 하나님은 우리가 회개한 죄를 바다 깊이 빠뜨리시고, 그 옆에 다음과 같은 푯말을 세워 놓으셨다.

「낚시 금지」(시 103:12; 미 7:19)

지금 이 순간, 가슴에 깊게 새겨놓은 남편과 자식들의 잘못이 있다면 다 덮고 용서하기를 바란다. 사랑은 허물을 덮는다. 용서한다. 그리고 사랑하는 만큼 세워 준다(벧전 4:8).

삶의 현장에서 행복하려면 세 가지 F를 잘해야 한다. "Forgive, Forget, Forever." 잘못이나 실수는 용서하고, 잊고, 영원히 기억하지 않는 것이다. 이것은 결국 나 자신이 행복해지는 비결이다.

모든 아내들이 남편의 위상을 세우는 현숙한 여인이 되기를 바란다.

남편을 왕으로 높이면 본인은 저절로 왕비가 된다. 이것이 바로 자녀들에게 현숙한 어머니의 뒷모습을 보여 줄 수 있는 방법이다.

잠언 31장에는 남편과 자녀들에게 칭찬과 존경을 받는 현숙한 여인의 모습이 나타난다.

그녀의 아들들은 그녀를 축복하고 남편 역시 그녀를 칭찬한다. "뛰어난 여자들이 많지만 당신이 최고요." (잠 31:28-29, 쉬운성경)

뒷모습이 아름다울수록 칭찬과 존경을 받는다. "당신이 최고요"라는 칭찬이 곧 당신의 뒷모습이 되기를 간절히 바란다.

좋은
부모
되기

1. 내가 기억하는 부모님의 뒷모습은 무엇이며, 그것이 내게 어떤 영
   향을 미쳤습니까?

2. 나는 자녀들에게 어떤 뒷모습을 보여 주고 싶습니까?

_____

_____

_____

_____

_____

_____

_____

_____

_____

_____

_____

2 부모의 방심은 근심을…

창세기 25:28-34; 26:34-35

지난 50년 동안 봉쇄국가였던 쿠바를 방문한 적이 있다. 중남미의 교두보에 해당하는 쿠바는 스페인의 통치와 미국의 후원으로 일찍부터 번영국가를 이루었다. 그런데 1959년 피델 카스트로의 혁명으로 쿠바는 공산주의 독재국가로 바뀌고, 카스트로는 이후 52년을 군림하며 세계에서 가장 오래 집권한 통치자로 남게 된다. 그가 얼마나 철저한 봉쇄정책으로 나라를 고립시켰는지, 1998년까지 쿠바는 성탄절을 평일로 지내는 유일한 국가였다.

카스트로는 분명 공산주의 혁명은 성공했다. 그러나 가정을 지키는 것에는 실패했다. 이것이 구소련을 위시한 사회주의 국가의 병폐다. 사회 전체가 성적으로 문란하고, 조혼과 이혼이 반복되고 있다. 집집마다 아이들이 편모나 편부 밑에서 자라며, 일부 가정은 자녀를 데리고 재혼한 엄마나 아빠도 친부모가 아닌, 매우 복잡한 관계로 이루어져 있다. 구소련의 현상과 똑같다.

이런 결손 가정에서 자라난 자녀들은 정서적인 외로움을 달래고 영혼의 허전함을 채우기 위해 대학생 연령이 되면 곧바로 결혼하고, 불과 몇 년이 지나지 않아 이혼을 한다. 부모로서 가정을 건강하게 세우는 데에 관심이 없고, 자녀들의 미래도 전혀 고려하지 않는다. 조금 극단적으로 표현하자면 마치 동물들이 그러하듯 자녀를 방목하는 정도다. 그러다 보니 그 자녀들은 부모가 경험한 정서적 외로움과 허전함을 느끼고, 부모처럼 일정한 나이에 접어들면 이른 결혼을 하게 된다. 그야말로 악순환이 계속되는 것이다.

우리 주변에도 가정에 소홀한 사람들이 많다. 유명인사들 중에는 겉으로는 성공한 것 같아도 속으로는 실패한 이들이 많다. 외형적으로는 화려하지만 내면적으로는 초라한 인생을 사는 이들이 즐비하다. 부모로서 마땅히 가져야 할 책임을 버렸기 때문이다. 한마디로 방심과 방임의 결과다.

매스컴을 통해 접하는 대기업 총수들의 가정을 생각해 보라. 결코 아름답지 않은 모습을 전 국민에게 보여 주는 경우가 허다하다. 자녀들 사이에 치열한 싸움이 끊이지 않고, 심지어 법정투쟁까지 불사하며 각자가 원하는 것을 얻으려 한다. 부모가 아직 생존해 있는데도 형제의 난을 멈추지 않는다. 아무리 대기업을 이뤘다고 해도 자식들이 평생 적대관계로 살아간다면, 그것을 과연 진정한 성공이라고 할 수 있을까. 외면적으로는 명문가처럼 보일지 모르나 내부적으로는 심각한 결핍이 존재하는 결손가정이다.

외형적 성공에 모든 것을 투자하고 집중하다 보면 가정을 방치하고 만다. 그리고 방심한 틈에 가정은 망가진다. 많은 아버지들이 착각하고 있는 한 가지가 자녀교육에 관한 것이다. 남자들은 자녀양육을 아내에게만 전가하려 든다. "아이들 문제는 당신이 알아서 하라"고 책임을 떠넘긴다. 그러나 자녀양육은 결코 아내만의 책임이 아니다. 남편도 '내가 책임질 일'로 여겨야 한다.

맞벌이를 많이 하는 젊은 세대들은 자녀양육을 할아버지, 할머니에게 위임한다. 특히 전문 직종에 종사하는 사람일수록 자녀를 가정 도우미에게 맡기는 경향이 많다. 그리고 교육은 학교나 학원 선생님에게 떠맡긴다. 이런 현상에 대해 미국의 사회학자 콜먼(James Coleman)은 "가장 강력한 교육기관은 정부의 손에 있지 않으며, 교육의 성패는 학교보다 가정에 의해 좌우된다."고 역설한다.

그렇다. 자녀양육의 요람은 가정이다. 자녀에게 가장 훌륭한 스승은 부모다.

방심의 결과

본문의 메시지는 부모의 방심이 큰 근심을 가져올 수 있다는 것을 보여 주는 매우 심오한 경고다. 이야기의 줄거리는 이렇다.

구약시대 믿음의 족장 중 한 사람인 이삭에게는 두 아들이 있었다. 에서와 야곱이다. 이삭과 리브가는 두 아들을 키우는 과정에서 편애라는 큰 실수를 저질렀다. 이삭은 큰아들 에서를 편애했고, 리브가는 작은아들 야곱을 편애했다.

이삭은 믿음의 족장이었음에도 불구하고 자녀의 신앙양육에는 마음을 쓰지 않았다(창 25:28-34). 이런 환경에서 자란 에서는 신앙을 떠나 결혼한다. 이방 여인을 아내로 맞이했을 뿐만 아니라 한 번에 두 여자를 아내로 맞이한다. 성경은 이것에 대해 매우 어두운 어조로 다음과 같이 기록한다.

그들이 이삭과 리브가의 마음에 근심이 되었더라 (창 26:35, 개역개정)

부모의 방심이 근심을 초래한 것이다. 부모의 방임과 방치는 큰아들의 탈선으로 그치지 않았다. 그것은 작은아들 야곱을 속임수에 능란한 자로 만들었고, 두 아들을 서로 경쟁하고 미워하는 관계로 악화시켰으며, 결국 형제의 난을 일으키게 했다.

이런 잘못된 유전인자는 아들 야곱에게 전수되어 그 역시 자녀들 사이의 불화를 조성했다. 아버지 이삭에게서 잘못된 모델을 본 것이다. 야곱은 아들들 중에 요셉을 편애했고, 이것은 형제들 사이를 이간시켜 어린 요셉으로 하여금 파란만장한 인생길로 들어서게 했다(37:3-4). 부모가 실패하는 만큼 가족들에게 큰 고통이 따르는 법이다.

이것은 오늘날 모든 부모가 매우 진지하게 받아야 할 교훈이다. 우리는 스스로 속을 때가 있다. '내 아이는 그렇지 않을 거야'라고 생각하는 것이다. 하지만 이렇게 방심하다가는 큰코다칠 수 있다.

현대의 많은 부모들은 가정 도우미나 외부기관 등 지나칠 만큼 아웃소싱에 의지해 자녀양육을 하고 있다. 부모의 사명을 아웃소싱으로 대체한다. 그야말로 과잉보호나 과잉허용(over-protection & over-permission)으로 방치하고 있다.

1986년 캐나다에 유학을 갔을 때 유대인 이민자 어머니들의 자녀양육 모습에 큰 감동을 받았다. 그들은 자녀가 3~4세가 될 때까지 직장생활을 멈춘다. 아이들의 성품교육을 위해 돈 버는 일을 잠시 중단하는 것이다. 줄어든 수입으로 인해 정부에서 전기세와 수도세를 면제해 주는 서민아파트로 이사하고, 얼마간의 불편함은 기꺼이 감수하며 산다. 그만큼 자녀양육을 최우선으로 여긴다.

이 시대는 분명 과거와 비교해 경쟁이 치열하고, 그러다 보니 부모도 자녀도 바쁘다. 하지만 아무리 삶의 환경이 바뀌었다고 해도 건강한 가정을 위한 부모의 역할은 변함이 없다. 그런 점에서 자녀를 건강하게 양육하기 위해 두 가지 방향을 제안하려고 한다.

자녀와 시간을 충분히 가져야 한다

현대의 아버지들이 자녀와 보내는 시간이 너무나 짧다. 자녀가 아버지와 보내는 시간은 짧은 반면, TV시청은 일주일에 약 30시간에서 무려 50시간에 이른다. 한 조사기관에서 분석한 결과, 남자들 중 23%는 아버지와 함께하는 시간을 전혀 가지지 못한 채 성장했다고 한다.

50년 전까지만 해도 가족들은 하루에 서너 시간을 대화하며 보냈다. 그런데 오늘날 아이들은 가족들과 14분 30초를 보내며, 그중 12분은 부모로부터 부정적인 말이나 질책을 듣는다고 한다. 모처럼 온 가족이 한자리에 모이게 되면 처음에는 자녀들이 좋아하지만, 얼마 지나지 않아 상한 기분으로 자기 방으로 들어가 버리는 풍경이 가정마다 흔하게 벌어진다. 부모가 자녀들의 이야기에 귀 기울이고 격려하기보다는 꾸중과 지적을 이어 가기 때문이다. 여유 있게 함께하는 시간을 갖지 못한 결과다.

남자들은 대개 가장으로서 사회적 성공을 위해 많은 것을 희생한다. 가족들과의 오붓한 시간을 포기하고 오직 돈 버는 일에 집중한다. 하지만 그러한 치우친 희생이 큰 집과 좋은 차를 마련해 줄지는 몰라도 자녀에게 행복한 추억을 만들어 주지는 못한다. 즉, 크고 좋은 'house'는 구입했으나 행복한 'home'은 이루지 못하는 것이다. 바쁜 아빠일수록 나쁜 아빠가 될 수 있다는 말까지 있지 않은가.

하워드 만은 이런 일기를 써 놓았다.

"아빠가 집으로 돌아오시는 것이 가장 큰 별식이었다."

그리고 이렇게 덧붙인다.

"아빠, 아무것도 사오지 않아도 돼요. 집에 일찍 오시기만 하면 돼요."

건강한 가정을 이루려면 시간을 투자해야 한다. 다음 7가지를 통해 가정을 위한 의미 있는 시간을 만들어 보기를 권한다.

1) 여유를 갖기 위해 미리 시간을 계획하라

스케줄을 잘 관리해서 가족과 함께 보낼 수 있는 공간과 시간을 만들자. 예를 들어 아내와 의논해 그 달에 해야 할 중요한 일들을 달력이나 일정표에 우선순위로 계획해 놓는다.

2) 거미줄 일정을 피하라

매주 빡빡하게 스케줄이 잡혀 있는 상태에서는 예상치 못한 일이 발생할 경우 대처하기 어렵다. 가족을 위해 시간을 낼 수 없을 정도로 빠듯한 스케줄로 살아간다면, 그 자체가 불행이다.

3) 본인에게 솔직해라

회의나 약속을 잡으려고 할 때 자문해 보자. '이것이 내 가정보다 더 중요한가?' 이 일이 가정에 부정적인 영향을 미치지는 않는지 생각해 본다. 특히 장기간, 지속적으로 가족과의 시간을 빼앗을 경우에는 신중히 결정해야 한다.

4) 함께 즐기고 휴식을 위해 계획하라

바쁠수록 가족들과 함께 보내려고 노력하자. 가족과 여가를 즐기는 것은 사치가 아니다. 이것은 건강한 가정을 이루기 위한 필수조건이다.

5) 집안일을 계획하고 함께하라

집안일처럼 가족을 단합시키는 것이 없다. 단순히 일을 위해 하는 것이 아니라 가족의 화합을 도모하기 위해 함께해야 한다. 가족이 함께할수록 가정의 분위기는 행복해진다. 엄마가 아플 때 약을 사 오도록 자녀에게 심부름을 시키는 것은 매우 좋은 성품교육이다.

6) 공유할 수 있는 시간들을 포착하라

가족들이 공유할 수 있는 시간을 갖는다면 두 배의 기쁨을 맛볼 수 있다. 주일마다 온 가족이 함께 예배하러 나오는 신앙생활의 공유나, 특히 교회에서 주최하는 선교여행을 활용하면 함께 나눌 아름다운 신앙의 추억을 만들 수 있다.

7) 저녁 식사는 되도록 가족과 함께하자

특별한 이유가 없다면 저녁 식사는 되도록 가족과 함께하려고 노력하라. 식사 시간에는 TV를 끄고, 대화를 통해 하루 동안 일어난 일을 나누자. 아버지 없는 저녁 식사가 잦을수록 행복 리더십이 무너진다.

건강한 가정은 그냥 이루어지지 않는다. 충분한 시간을 투자하고 각자의 책임을 다하려는 노력이 따를 때, 비로소 건강한 가정을 이룰 수 있다.

자녀와 대화를 충분히 나눠야 한다

노벨상을 수상한 제인 아담스(Jane Adams)는 이렇게 말한다.

"아이가 엄마와 이야기하려 하면 오븐 속의 음식을 태우더라도 자녀와 대화를 나눠라. 아이가 아빠와 이야기하고 싶어 할 때 가게를 한 시간 늦게 열더라도 자녀와 대화하라."

현대사회의 근본 문제는 대화 부족이다. 이 시대를 살아가는 청소년들은 '아버지 갈증'(Father hunger)을 느끼고 있다. 10대 청소년들 중 단 4%만이 아버지와 진지한 대화를 한다고 한다. 자녀와의 대화에 실패하지 않으려면 지적과 훈계 대신 아이의 말을 들어야 한다. 진정한 대화는 말을 많이 하는 대신, 많이 듣는 것이다.

금세기 훌륭한 가정사역자 로버트 햄린(Robert Hamrin)은 《아버지 교과서》라는 책에서 이렇게 강조한다.

"잘 놀아 주고, 잘 들어 주는 것이 최상의 대화다."

훌륭한 부모가 되는 비결은 간단하다. 자녀들과 즐거운 시간을 많이 가지며, 아름다운 추억을 많이 만들어 주는 것이다. 예수님 중심으로 살아가도록 리드해 주는 것이다.

나는 아들이 교환학생 신분으로 미국의 외진 곳에서 공부할 때 기도 체험 훈련을 시켰다.

"아빠를 보고 싶으면 인근 도시에 부흥회를 올 수 있도록 기도해라."

좋으신 하나님은 어린 아들의 간구를 들어주셔서 그 아이가 있는 근처 도시로 여러 번 부흥회를 가게 하셨고, 덕분에 나는 아들과 자주 만날 수 있었다. 이처럼 신앙의 추억을 만들어 줄수록 자녀가 건강한 영성을 형성해 나갈 수 있다.

선교여행 중 한 장로님의 간증이 큰 감동을 주었다. 그의 간증은 단순했다.

"저는 어머니가 들려주시던 성경말씀을 기초로 인생 축복을 누려 가고 있습니다."

방심은 금물이다. 내 가정은, 내 자녀는 무너지거나 어려움을 겪지 않을 거라는 생각은 착각이다. 어느 가정이라도 부모가 제대로 그 책임을 다하지 않으면, 결핍과 상실의 아픔을 피할 수 없다.

자녀와 함께하는 시간을 확보하자. 자녀의 이야기를 듣는 것에 시간을 아끼지 말자. 가정과 자녀에 대해 방심하지 않는 만큼, 근심이 아닌 감사와 행복으로 살아가게 될 것이다. 아픔이 기쁨으로 회복될 것이다.

1. 평소에 가족과 함께 보내는 시간이 많은 편입니까?

2. 나는 내 아이에 대해 얼마나 알고 있습니까? 아이의 이야기를 귀
   기울여 듣고 있습니까?

3 자격지심에서 벗어납시다

사무엘하 13:1-21

'자기가 한 일에 대해 스스로 미흡하게 여기는 마음'을 뜻하는 한자어가 있다. 바로 자격지심(自激之心)이다. 부모에게는 여러 가지 자격지심이 있다. 무엇보다도 내 자녀에게 다른 가정의 자녀들이 누리는 것들을 해 주지 못하는 것에 대한 자격지심이 참 크다.

요즘 우리나라 상황에서는 결혼할 때 집 문제를 해결하기가 쉽지 않다. 자녀의 결혼을 축하하는 마음으로 좋은 아파트를 선물로 사 주는 부모들을 보며, 그런 여력이 안 되는 부모는 자격지심을 느낀다. 내 자녀가 소위 '금수저'가 아닌 '흙수저'라는 사실에 미안함을 느끼는 것이다. 자녀가 직장을 구할 때도 자녀의 취업을 부탁할 수 있는 인맥이 없는 것에 자격지심을 느끼고, 좋은 학벌이나 이력으로 자녀에게 실질적인 힘을 실어 주지 못하는 것도 괜한 자격지심을 갖게 한다.

그러나 부모로서 자녀에게 갖는 가장 큰 자격지심을 꼽자면 윤리적 측면에서의 자격지심이 아닐까 싶다. 도덕적으로 자녀들에게 좋은 아버지, 훌륭한 어머니가 되지 못하는 것은 그 어떤 것으로도 보상해 줄 수 없기 때문이다.

사무엘하 13장 앞부분에서 보이는 다윗의 모습이 바로 이런 윤리적 자격지심에 빠진 아버지의 모습이다. 장남 암논이 여동생을 성폭행하는 큰 사고를 저질렀는데도 다윗은 제대로 해결하지 못했다. 그 엄청난 사건 앞에서 다윗은 아버지의 리더십을 포기했다. 어떻게 보면 아버지의 직무를 유기한 것이다. 자신의 윤리적 자격지심 때문이다.

다윗의 자격지심

사무엘하 13장은 이렇게 시작된다.

그 뒤에 이런 일이 있었다. … (삼하 13:1, 새번역)

여기서 강조하는 것은 "그 후에, 그 뒤에"(After this)로, 곧 소개될 이야기가 11장과 12장에서 보도한 밧세바와의 불륜 사건 이후에 일어난 일이었음을 알려 준다.

다윗의 장남 암논이 이복 여동생 다말을 짝사랑하다가 성폭행하는 일이 벌어졌다. 결코 있어서는 안 되는 일이 벌어진 것이다. 그런데 암논은 자신의 욕망이 채워지자 다말을 미련 없이 버렸다. 성경은 그가 다말을 미워하게 되었다고 기록한다(삼하 13:15). 더욱 끔찍한 것은, 이런 엄청난 일을 저지르고도 그가 아무런 가책이나 책임을 느끼지 않았다는 점이다. 그리고 아들의 이런 소행에 대해 아버지 다윗은 어떠한 조치도 내리지 않았다. 물론 다윗이 아무렇지 않았던 것은 아니다.

다윗 왕은 이 이야기를 모두 듣고서, 몹시 분개하였다. (삼하 13:21, 새번역)

다윗은 암논이 저지른 일에 대해 들었고, 몹시 분노했다. 그러나 분개만 했을 뿐, 그에 대해 아무런 후속 조치를 취하지 않았다. 그냥 화만 내고 끝낸 것이다. 아버지로서 어떻게 그럴 수 있었을까?

자격지심 때문이었다. 그는 밧세바와의 불륜에 대한 자격지심으로 마땅히 지켜야 할 도덕적 기준을 포기한 것이다.

누구에게나 나름의 치명적인 약점이 있다. 그리고 바로 그 약점 때문에 특정한 상황에서 소극적인 행동을 취하게 될 때가 있다. 부모라고 해서 다르지 않다. 자신의 자격지심을 건드리는 일을 만나면 책임을 회피하거나 모면하려고 한다.

아들 암논의 범행은 다윗의 바로 그 아킬레스건을 건드렸다. 그래서 다윗은 화부터 냈고, 아버지로서의 책임은 피했다. 끓어오르는 화는 있었으나, 대책을 세우지 않음으로써 아버지 됨을 포기하고 체념한 것이다.

우리에게는 이런 모습이 없는가? 은밀한 자격지심 때문에 부모로서 마땅히 가져야 할 책임을 회피하고 있지는 않은가? 어떻게 해야 자격지심에서 벗어날 수 있을까?

역기능의 삶을 살지 맙시다

이스라엘의 국기는 다윗의 별을 담고 있다. 그만큼 다윗은 훌륭한 군왕이자 탁월한 지도자로, 백성들로부터 존경받는 이스라엘의 국민적 영웅이다. 그런데 가정에서의 다윗은 훌륭한 아버지도, 좋은 남편도 아니었다.

성경에서 적나라하게 기록하고 있는 다윗의 프로필은 복잡하다. 아내가 8명, 자식이 20명. 자녀들이 서로 다른 친어머니를 갖다 보니 함께 있어도 다른 마음을 품는, 그야말로 동상이몽의 가정이었다. 한 지붕 아래 복잡한 가정을 이룬 것이다. '가지 많은 나무에 바람 잘 날 없다'라는 말대로 다윗의 가정은 이복형제들 사이의 불화가 끊이지 않았다.

이 모든 혼란은 다윗이 역기능 인생을 살았기 때문이다. 다윗은 제왕으로서는 성공한 인물이지만, 아버지와 가장으로서는 아쉬운 점을 많이 남긴다.

본문을 자세히 관찰해 보면 다윗은 가해자인 아들 암논에게 아무런 처벌을 하지 않는다. 또한, 피해자인 딸 다말에게도 어떠한 보호 대책을 세워 주지 않는다.

세상 윤리의 측면에서는 두 가지 죄가 있다. '작위의 죄'와 '부작위의 죄'다. '작위'(commission)는 하지 말아야 할 일을 하는 경우고, '부작위'(ommission)는 해야 할 일을 하지 않는 경우다. 사람들은 대개 적극적인 작위의 죄보다 소극적인 부작위의 죄를 덜 심각하게 여기는 경향이 있다. 그러나 예수님께서는 해야 할 일을 하지 않는 부작위의 죄를 매우 심각하게 여기신다. 그것이 곧 마태복음 25장에 등장하는 양과 염소 심판의 교훈이다. 벌을 받는 이들은 어렵고 가난한 이웃에게 먹을 것이나 마실 것을 주지 않은 죄 때문에 심판을 받는다고 예수님은 선언하신다.

다윗의 큰 실책도 이것이다. 그는 자신의 역기능적 삶에 대한 자책감 때문에 마땅히 행해야 할 도리를 이행하지 않았다. 그는 자신의 윤리·도덕적 자격지심 때문에 자식들에게 말발이 먹히지 않을 것이라고 생각했는지 모른다. 하지만 이것은 아버지로서의 책임을 회피한 것이며, 아버지의 권위를 포기한 것이다.

우리도 자신의 도덕성이나 양심 때문에 떳떳하게 반응하지 못하는 경우가 있다. 일반적으로 술을 자주 마시거나 담배를 자주 피우거나 도박이나 포르노에 중독된 부모일수록 자녀의 잘못된 삶을 제대로 지적하지 못한다. 신앙생활을 제대로 안 하는 부모일수록 할 말을 제대로 못 한다. '그냥 적당히 무시하고 살다 보면 나아지겠지'라고 방관한다. 자격지심이 잘못을 잘못으로 지적하지 못하게 만드는 것이다. 하지만 적당히 무시하고 못 본 척하는 것은 결코 더 나은 미래로 우리를 인도하지 않는다. 오히려 이것은 역효과를 초래하고, 또 다른 부작용을 낳는다.

우리는 숨기고 회피하는 대신, 자신의 잘못과 부족함을 인정하고, 문제를 정면 돌파해야 한다. 근본적인 해결방법을 추구해야 한다. 그리고 무엇보다 먼저 역기능적 씨를 뿌리지 말아야 한다. 순기능으로 살아가야 한다. 순기능적 삶은 간단하다. 하나님 중심으로 보고 말하며, 살아가는 것이다.

과거에 발목 잡히지 맙시다

'사람은 같은 돌에 걸려 넘어진다'라는 속담이 있다. 실제로 실패자일 수록 한 번 걸린 돌에 다시 걸려 넘어지는 일이 많다. 이미 경험한 실패를 반복하거나 거기에 묶여 앞으로 나아가지 못하는 것이다. 그러나 지혜로운 자는 자신을 넘어뜨렸던 돌을 딛고 올라선다. 지난날의 실수를 디딤돌 삼아 일어서는 것이다.

다윗은 부끄러운 과거 때문에 지나친 자격지심에 묶여 위축된 삶을 살았다. 그래서 큰 잘못을 저지른 아들에게 단 한마디도 하지 않았다.

우리는 과거에서 벗어나야 한다. 예수님의 십자가 은혜와 사랑에 힘 입어 과감하게 '인생 리셋' 버튼을 눌러야 한다. 우리가 가진 과거의 실패가 무엇이든 간에 우리는 새롭게 출발할 수 있다. 성령님의 도우심으로 새로운 삶을 시작할 수 있다. 기독교 신앙의 본질은 우리를 과거로부터 해방시키고 실패의 자격지심에서 벗어나게 한다. 우리는 지난날의 실패라는 가슴 아픈 걸림돌을 얼마든지 디딤돌로 바꿀 수 있다. 오히려 지난날의 부끄러운 죄 때문에 더욱 성자로 살아갈 수 있다.

한국교회의 거성이셨던 한경직 목사님이 아주 좋은 본보기다. 그는 일제 강점기에 신사 참배에 참여한 잘못에 대해 속죄하려고 이후의 삶은 성자답게 사셨다. 기독교의 노벨상이라고 할 수 있는 템플턴상 수상

후 미국 나성영락교회에서 감사예배를 드릴 때, "나는 신사 참배를 한 죄인입니다."라고 고백하면서 상금을 통일을 위한 헌금으로 드리셨다. 그는 일평생 "나는 죄인입니다."라고 고백하며 살았다.

성경에도 과거의 잘못에서 돌이켜 새 인생을 살게 된 사람들이 많이 등장한다. 대표적인 인물이 바로 사도 바울이다. 사도 바울은 부끄러운 과거를 가진 사람이다. 그의 과거는 수치 그 자체다. 그런데 그는 예수님의 십자가 은혜로 완전히 새로워졌다. 새사람으로 바뀌었다. 그래서 그는 과거로부터 완전히 해방된 삶을 살았다. 그는 이렇게 간증한다.

> 누구든지 메시아와 연합하면 새로운 출발을 할 수 있고, 새롭게 창조될 수 있다는 것입니다. 옛 삶이 지나가고, 새로운 삶이 싹트는 것입니다!
>
> (고후 5:17, 메시지 성경)

과거 이별, 미래 환영 인생은 그리스도 안에 있는 모든 이들에게 주어진 축복이다. 자신을 묶고 있는 어둡고 부끄러운 과거를 끊어 내고 온전히 자유로운 마음으로 새로운 인생을 시작할 수 있기를 바란다. BC와 AD의 변곡점을 이루며 살아갈 수 있기를 축원한다.

사람들은 실수에 연연하기보다 실패와 잘못을 이겨 내는 삶을 더욱 존경한다. 이사야 선지자는 이렇게 위로하며 우리가 소망을 품게 한다.

지금까지 있었던 일들은 잊어라. 지나간 역사에 연연하지 마라. 다만, 깨어 있어라. 현재에 깨어 있어라. 이제 나는 전혀 새로운 일을 행할 것이다.

(사 43:18–19, 메시지 성경)

새로운 시작과 더불어 더 좋은 사람이 될 수 있는 기회는 누구에게나 열려 있다. 미국의 저명한 방송설교가 토니 에반스는 "더 좋은 가정을 원한다면 자신이 더 좋은 사람이 되어야 한다."고 강조한다. 하지만 저절로 더 좋은 사람이 되는 것은 아니다. 새로운 사람, 더 좋은 사람이 되기를 바란다면, 하나님 앞에 무릎 꿇어야 한다.

하나님의 은혜를 구하며 살아갑시다

다윗은 자신이 저지른 죄 때문에 엄청난 대가를 지불했다. 밧세바가 낳은 아들이 죽었고, 왕으로서의 체통과 명예는 바닥에 떨어졌다. 자식들 앞에서 아버지로서의 권위도 무너졌다. 그런데 이 와중에 다윗이 참으로 잘한 일이 하나 있다. 바로 철저한 회개다. 그는 자신의 죄를 적나라하게 고백하고 참회했다. 왕으로서의 신분의식과 권위의식을 과감하게 버리고, 나단 선지자 앞에서 겸허하게 무릎을 꿇었다. 모든 신하들이 보는 앞에서 눈물로 회개했다. 오직 하나님의 은혜와 긍휼만을 호소했다.

> 하나님, 주님의 한결같은 사랑으로 내게 자비를 베풀어 주십시오. 주님의 크신 긍휼을 베푸시어 내 반역죄를 없애 주십시오. 내 죄악을 말끔히 씻어 주시고, 내 죄를 깨끗이 없애 주십시오. (시 51:1-2, 새번역)

하나님은 우리가 회개하기만 하면 그 어떤 실수나 허물도 용서해 주신다. 은혜로 덮어 주시고, 긍휼과 자비로 감싸 주신다. 요한일서 1장 9절은 우리에게 용서받음의 놀라운 복음을 전해 준다.

> 우리가 우리 죄를 자백하면, 하나님은 신실하시고 의로우신 분이셔서, 우리 죄를 용서하시고, 모든 불의에서 우리를 깨끗하게 해주실 것입니다.
> (요일 1:9, 새번역)

우리는 오직 하나님의 은혜로 회복될 수 있다. 하나님의 은혜라는 '리셋' 버튼은 우리 모두에게 허락된 하늘의 선물이다.

우리의 실수와 죄보다 하나님의 은혜가 크다는 것을 잊어서는 안 된다. 우리의 문제에 대한 답은 오직 하나님의 은혜다. 율법은 죄책감을 일으키지만, 은혜는 죄 사함이라는 자유를 누리게 한다. 율법은 우리에게 실패작이라고 말하지만, 은혜는 우리가 그리스도 안에서 넉넉히 이긴다고 말한다.

더 이상 자격지심으로 살지 말자. 우리에게는 우리의 모든 죄를 용서해 주시고, 우리에게 새로운 출발을 선사하시는 하나님 아버지가 계신다. 그 하나님의 은혜를 힘입어 살아가자. 우리의 쓰라린 과거는 얼마든지 은혜로 치유되고 회복될 수 있다. 우리가 할 일은 지나간 일을 곱씹으며 움츠리는 것이 아니라, 소망을 주시는 주님께 무릎으로 나아가는 것이다.

아버지로서, 어머니로서 하나님이 주신 역할을 제대로 감당하고 싶다면, 먼저 내가 과거를 딛고 일어서야 한다. 지난날의 실수를 깨끗하게 용서받고, 가벼운 마음으로 새로운 미래를 향해 가자. 하나님의 은혜를 구할 때, 더 좋은 가정을 이룰 수 있다.

주여, 저의 과거의 잘못을 오직 은혜로 덮어 주옵소서.

주여, 저의 자격지심을 오직 주님의 긍휼과 자비로 치유해 주옵소서.

주여, 부모인 제가 심히 부족하오니, 은혜 위에 은혜를 주옵소서.

주여, 우리 자녀들을 은혜로 치유하시고, 축복해 주소서.

주여, 우리 가정에 은혜를 주옵소서.

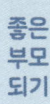

좋은
부모
되기

1. 나의 자격지심은 무엇입니까?

2. 당당한 부모가 되기 위해 반드시 해결해야 할 일이 있습니까?

_____

_____

_____

_____

_____

_____

_____

_____

_____

_____

_____

4 가정은 사랑으로
끌어안는 안식처

사무엘하 13:22-29; 14:23-24, 28

    이 시대는 사람들이 자기감정을 잘 처리하지 못해 사고를 저지르는 경우가 많다. 처리되지 못한 감정은 대부분 어둡고 아픈 감정이다. 이런 상한 감정을 제대로 풀지 않으면 영혼의 변비가 된다. 내면세계를 썩게 하고, 정신적인 암을 유발한다. 그렇게 안으로 쌓아 둔 감정은 자신의 세계만 상하게 하는 것이 아니라 때로는 무서운 사고를 저지르게 만든다. 분노를 속에서 쓴 뿌리로 키웠기 때문이다.

    처리하지 못한 어두운 감정이 얼마나 위험한지에 대해 성경은 여러 곳에서 경고의 메시지를 준다. 그중 하나가 압살롬의 이야기다.

    압살롬은 자기 여동생을 성폭행한 암논을 미워했다. 자신의 분노감정을 은폐하기 위해 말 한마디 하지 않았다. 증오와 앙심의 침묵모드로 들어간 것이다. 압살롬은 그렇게 2년 세월을 보내며 속에 응어리를 품고 살았다(삼하 13:22-23).

압살롬은 앙심을 품고 치밀한 계략을 세워 결국 암논을 살해한다(삼하 13:29). 분노의 응어리가 초래한 비극이다.

끔찍한 사건을 저지른 압살롬은 외갓집으로 도망가 거기서 3년을 보낸다(삼하 13:38). 그러다가 우여곡절 끝에 집으로 돌아온다. 그는 아버지의 사랑과 용서를 기대했다. 그러나 다윗은 그를 따뜻하게 받아 주지 않았다.

> 그러나 왕이 말했습니다. "그를 자기 집으로 보내라. 그가 내 얼굴을 볼 수 없다." 그래서 압살롬은 왕의 얼굴을 보지 못하고 그냥 집으로 돌아갔습니다. (삼하 14:24, 우리말성경)

다윗은 3년 만에 돌아온 아들의 얼굴을 보지 않았다. 압살롬을 집으로 불러들이기는 했지만, 인격적으로 받아 주지는 않은 것이다. 5년이 흘렀는데도 다윗은 여전히 분노의 감정을 풀지 않았다. 그래서 압살롬이 자기 앞에 얼씬거리지도 못하게 했다. 그렇게 또 2년이 지났다.

압살롬은 예루살렘에서 만 2년을 살았지만 왕의 얼굴을 보지 못했습니다.

(삼하 14:28, 우리말성경)

그는 아버지에게서 아무런 말도 듣지 못했다. 자신을 용서한다는 말도, 앞으로 잘 지내보자는 말도 없었다. 심지어 얼굴조차 보지 못했다. 이런 상황에서 압살롬의 마음은 다시금 걷잡을 수 없을 만큼 어두워진다.

압살롬에 대한 다윗의 감정이 미움만은 아니었다. 한쪽 가슴에는 여전히 미운 감정이 남아 있었지만, 다른 한쪽 가슴에는 사랑이 있었다. 두 감정이 혼재하는 가운데 풀어야 할 감정을 풀지 못하고 다스리지 못했다. 그러다 보니 결과적으로 아들을 비인격적으로 대하게 됐다. 아버지로서 아들을 따뜻하게 포옹해 주지 않았다. 사법적인 사면은 있었지만, 사랑의 사면은 없었다.

압살롬은 아버지로부터 포근한 사랑을 바랐으나 돌아온 것은 냉정한 거절이었다. 그는 아버지로부터 환영받지 못해 더욱 화난 감정으로 병들어 갔다. 그리고 이런 상한 마음은 그를 외로운 늑대, 굶주린 사자로 만들었다. 결국, 그는 또다시 끔찍한 일을 벌인다. 엄청난 유혈 사태를 가져온 왕좌의 난이다. 아들이 아버지를 거역하여 모반을 일으킨 것이다. 한 가정의 감정 문제가 국가적 비운까지 초래하고 말았다.

비극과 불행의 요인

다윗의 가족들은 자신의 감정을 제대로 처리하지 못했다. 초기 대응을 제대로 하지 못해 호미로 막을 것을 가래로도 막지 못하는 상황으로까지 치닫게 된 것이다.

우리 역사에도 이런 아픈 이야기가 있다. 조선의 21대 임금인 영조와 그의 아들 사도 세자에게 일어난 사건이다. 영조는 후궁의 아들로서 태생적 한계에 대한 콤플렉스를 가지고 있었다. 이것은 그의 성격을 날카롭게 만들었다. 그래서 결국 아들 사도 세자로 하여금 정신질환을 앓게 하고, 끝내는 그 아들을 뒤주에 가둬 죽게 했다. 자신의 열등감을 제대로 다루지 못하고, 아들을 사랑으로 품지 못한 결과다.

우리는 어떤가? 배우자나 자녀, 더 나아가서 가까운 관계의 사람들을 용서한 것도 아니고, 그렇다고 안 한 것도 아닌 어정쩡한 관계로 두고 있지는 않은가? 어둡고 쓴 상한 감정을 쌓아 두고 있지는 않은가? 언제 폭발할지 모르는 상한 감정의 폭탄을 품고 있지는 않은가?

인간관계에서 가장 예측하지 못하는 비극과 불행의 요인이 바로 숨겨진 분노, 치료받지 못한 상한 마음이다. 너무나 많은 사건의 배경은 감정적으로 골이 깊은 앙금의 쓴 뿌리다.

의학적 진단에 의하면 우리에게 가장 해로운 감정이 분노라고 한다.

분노는 독이 된다. 그런데 안타깝게도 우리는 쉽게 분노하는 시대에 살고 있다. 사람이 얼마나 화를 잘 내는지 성경에서는 600번 이상 '화'에 대해 언급하고 있다. 특히 현대인들은 화(anger) 때문에 암(cancer)이 생긴다. 분노가 이처럼 위험한(danger) 것이다.

이에 대해 성경은 분노의 감정을 다스리는 원리와 방법을 아주 실제적으로 가르쳐 준다.

… 해가 지도록 화를 품지 말며 (엡 4:26, 우리말성경)

화난 감정을 밤까지 끌고 가지 말라는 것이다. 이 말씀은 과학적으로도 증명된 매우 중요한 가르침이다. 인간의 뇌는 어떤 일을 단기 기억장치에 저장했다가, 해가 지고 사람이 수면 상태에 들어가면 임시로 저장해 두었던 것을 장기 기억장치에 옮겨 저장한다고 한다. 따라서 화난 감정을 밤까지 가져가게 되면, 내 기억 속에 오랫동안 남아 있게 되는 것이다. 즉, 해가 지기 전에 화를 풀어야 그 감정으로부터 자유로워진다.

그렇다면 우리는 어떻게 분노를 풀 수 있을까?

감정(emotion)을
정감(affection)으로 승화시킵시다

슬픔이나 기쁨, 좋은 것과 싫은 것을 느끼는 사람의 감정은 종잡을 수 없고 미묘하다. 우리를 한순간에 하늘 높이 날게도 하지만, 때로는 순식간에 지옥 문턱까지 떨어지게도 한다. 늘 기쁠 수만은 없고, 반대로 늘 슬픔에 빠진 것도 아니기에 사람의 감정은 기복을 탄다. 따라서 무슨 일을 할 때 감정이 앞서면 사고가 날 수 있다.

《감정치유기도》라는 책을 쓴 이경용 목사님은 감정을 정감과 대비하여 설명한다. 저자는 감정(emotion)이 날것이라면, 정감(affection)은 성숙한 사랑의 성품이라고 이야기한다. 감정이 설익은 땡감이라면, 정감은 잘 숙성된 단감이다. 땡감은 타닌 성분 때문에 떫고, 소화 장애와 변비를 일으킨다. 그대로 두어서는 속이 꽉 막히고 만다. 감정도 마찬가지다. 분노, 앙금, 쓴 뿌리, 독기 같은 것이 가득한 떫은 감정에서, 농익은 상태로 승화시켜야 한다. 그 승화된 사랑의 마음이 곧, 정감(affection)이다. 떫은 땡감을 단감으로 숙성시키듯이 상처받은 감정을 치유된 정감으로 승화시켜야 한다.

감정이 정화된 사람은 더 이상 울분과 상처 속에서 살지 않는다. 상흔은 있지만 더 이상 아파하지 않는다. 상한 감정이 치유되었기 때문이다.

장정빈 씨가 쓴 《히든 서비스》에서 매우 공감되는 글을 읽었다.

"고객의 기억을 성공적으로 관리하려면 두 가지 측면에 집중해야 한다. 첫째는 유쾌한 기억을 극대화하는 것이고, 둘째는 불쾌한 기억을 최소화하는 것이다. '기쁨은 나누면 2배가 되고, 슬픔은 나누면 반으로 줄어든다'라는 말은 행동경제학에서도 사실이다. 행복이나 이익은 더 크게 만들고, 손실이나 아픔은 줄여 주는 것을 행동경제학에서는 쾌락적 편집(hedonic editing)이라고 부른다. 고객의 기억이 즐겁도록 편집한다는 의미다."

결혼기념일을 맞아 아내에게 선물할 목걸이와 반지를 샀다. 그런데 목걸이와 반지를 한꺼번에 선물하는 게 좋을까, 하나를 먼저 주고 나중에 다른 하나를 주는 게 좋을까?

정답은 결혼기념일에 목걸이를 주고, 아내 생일에 반지를 주는 것이다. 쾌락적 편집의 첫 번째 원칙은 상대에게 이익이 되는 경우는 '합하지 말고, 나누라'이다. 나누면 기쁨과 만족도가 더 올라가기 때문이다.

쾌락적 편집의 두 번째 원칙은 상대에게 손해가 되는 경우는 '나누지 말고, 합하라'이다. 고통은 한꺼번에 느끼는 편이 훨씬 낫기 때문이다.

사람은 과거의 경험을 평가할 때 전체를 종합적으로 살피기보다, 감정이 가장 고조되었을 때(peak)와 가장 최근의 경험(end)을 중심으로 평가

한다. 이를 '피크엔드효과'(Peak-End Effect)라고 한다. 쉬운 말로 바꾸면 '끝이 좋으면 다 좋다'라고 할 수 있다."

과거의 상한 감정이 아무리 어둡고 아프다고 해도, 그것을 성숙하게 변화시켜 마지막 기억을 아름답게 남긴다면 결국 오래 기억되고 간직되는 것은 그 마지막 감정이다. 그래서 마무리를 감동적으로 끝내는 것이 중요하다. 설익은 땡감 같은 감정을 잘 익은 단감 같은 정감으로 승화시킬 때 갖게 되는 개운한 뒷맛, 얼마나 매력적인가?

아픔을 사랑으로 끌어안읍시다

이미 살펴본 대로 다윗은 자신의 감정을 제대로 처리하지 못했다. 그래서 아들을 따뜻하게 안아 주어야 할 때, 그러지 못했다. 해결되지 않은 자신의 감정 때문에 아버지로서 마땅히 보여야 할 모습을 보이지 못한 것이다. 그리고 그것은 아들에게 상한 감정을 심어 주고 키웠다. 만약 다윗이 압살롬을 사랑으로 끌어안아 주었더라면 더 이상의 불행은 없었을 것이다.

하나님 아버지는 우리의 그 어떤 잘못도 다 끌어안아 주신다. 누가복음 15장에 나타나는 비유의 주제는 집을 나갔다가 돌아온 탕자가 아니라, 그 탕자를 따뜻하게 받아 주시는 아버지의 포근한 사랑이다.

네덜란드 화가 렘브란트의 대표작 중 하나가 '탕자의 귀향'이다. 허랑방탕하게 살다가 돌아온 아들의 행색은 초라하기 그지없다. 그동안의 고초가 그대로 나타난다. 그런 아들을 두 팔로 감싼 아버지의 모습은 아들을 향한 깊은 사랑을 느끼게 해준다. 특히 그림을 자세히 보면 아버지의 두 손의 모양이 다르다는 것을 알 수 있다. 왼쪽 손은 힘줄이 두드러진 남자 손이고, 오른쪽 손은 매끈한 여자 손이다. 아버지와 어머니의 손이 함께 있는 것이다. 그림에서 가장 밝은 부분이 바로 이곳이다. 아버지의 힘찬 손과 어머니의 부드러운 손에 모든 관심을 집중시키고 있다.

이 그림은 보면 볼수록 사랑과 용서, 치유와 회복의 은총을 느끼게 한다. 하나님은 아버지의 사랑이자 동시에 어머니의 사랑으로 우리를 품고 끌어안아 주신다는 복음을 담은 그림이다. 또한 탕자의 얼굴을 자세히 들여다보면 마치 어머니 뱃속에 머물고 있는 태아처럼 평안해 보인다. 우리가 인생의 본고향인 하나님의 품으로 돌아갈 때 누릴 수 있는 참된 안식과 평안을 상징한다.

이것이 곧 하나님께서 원하시는 가정의 본질이다. 가정은 사랑으로 서로를 끌어안아 주는 안식처가 되어야 한다. 허물을 덮고 상처 난 곳을 보듬는 사랑으로 서로 간에 상한 감정을 털 수 있게 해주는 자리여야 한다. 우리 가정은 어떤가? 부부 사이에 사랑이 있는가? 자녀를 따뜻하게 안아 주고 있는가? 가족들이 서로를 다정하게 끌어안아 주고 있는가?

예수님이 자주 보이신 치유 방법은 터치 테라피(Touch Therapy)다. 예수님은 아픈 사람들을 일일이 어루만져 주셨다. 따뜻한 손길로 보듬어 주시고, 안수해 주셨다. 소외당한 사람일수록 끌어안아 주셨다. 낙심하거나 지친 사람들이 찾아오면 어깨를 감싸 안아 주시고, 흐르는 눈물을 닦아 주셨다. 그리고 이것은 우리가 가정 안에서 행해야 할 사랑의 표현이다.

그동안 내면 깊은 곳에 은밀히 숨겨 두었던 상한 감정을 사랑의 정감으로 승화시키자. 우리의 감정을 땡감이 아닌 단감으로 변화시키자. 그래서 더욱 예수님의 십자가 사랑으로 곁에 있는 사람을 끌어안아 주자. 가정은 포근한 사랑으로 환영받고 지친 몸과 마음이 쉼을 얻는 안식처가 되어야 한다.

1. 상한 감정을 제때에 제대로 처리하는 편입니까? 그렇지 않다면,
   내가 승화시켜야 할 감정은 무엇입니까?

2. 자녀를 너그럽게 대하고 포근히 안아 주는 부모입니까?

5 성령님께 귀 기울이는 가정

창세기 16:1-6

자동차 내비게이션을 사용하다 보면 간혹 안내하는 여성이 혼동을 일으켜 잘못 안내하는 때도 있다. 이런 일을 몇 번 겪게 되면, 문득 이런 생각이 든다. '과연 내가 이 여자의 말을 어디까지 믿어도 될까?'

내비게이션에 내장된 음성을 예로 들었지만, 실제로 우리는 여자의 말을 얼마나, 어디까지 믿고 들어야 할지 궁금해질 때가 있다.

성경에는 여자의 잘못된 말을 들어서 낭패한 사람들의 이야기가 등장한다. 아담은 하와의 말을 듣고 선악과를 따 먹어 불행을 초래했다. 야곱은 어머니 리브가의 잘못된 지도를 받아 형과 아버지를 속이고 큰 고생을 했다. 구약시대의 아합 왕이 이스라엘 역사상 가장 악명 높은 왕이 된 것은, 그가 아내 이세벨의 잘못된 제안을 따랐기 때문이다. 솔로몬 왕은 후궁들의 말에 현혹되어 지혜와 분별력이 흐려졌다. 삼손은 들릴라의 꼬임에 넘어가 비운을 맞이했다. 세례 요한을 참수시킨 헤롯 왕은 아내 헤로디아의 말에 넘어가 바보 인생을 살았다.

물론 이와는 반대로, 여자의 바른말을 귀담아듣지 않아서 손해를 본 자들도 있다. 빌라도 총독은 아내의 충언을 듣지 않음으로 예수님께 사형선고를 내리는 엄청난 실책을 범했다. 다윗의 아들 암논은 여동생 다말의 말을 듣지 않아 큰 죄를 짓고 죽었다. 예수님의 제자들도 믿음의 여성들인 마리아 일행이 생생하게 보도해 준 예수님의 부활 소식을 믿지 않는 답답한 모습을 보여 줬다.

또한, 성경에는 여자의 지혜로운 말을 잘 들어서 성공하고 복 받은 훌륭한 경우도 있다. 다윗은 현숙한 여성 아비가일의 충언을 들어서 더욱 훌륭한 군왕이 될 수 있었다. 아람 제국의 나아만 장군은 어린 여종의 말을 들음으로 한센병을 고칠 수 있었다. 예수님조차 여자의 말을 잘 듣는 모범을 보여 주신다. 예수님은 가나의 결혼잔치에서 어머니 마리아의 제안을 듣고 기적을 일으키셨다. 사도 바울은 빌립보에서 여성 사업가 루디아의 말을 기꺼이 들음으로 유럽 선교의 새로운 길을 쉽게 개척해 나갈 수 있었다.

지혜로운 말은 듣고, 지혜롭지 않은 말은 듣지 않음으로 바른 선택을 하고 어려움을 극복해 나가야 하는데, 안타깝게도 우리는 지혜로운 말은 새겨듣지 않고, 지혜롭지 않은 말에 솔깃한 경우가 있다. 아브람도 그랬다.

잘못된 결정을 하다

창세기 16장에는 아내의 잘못된 말을 들어서 인생의 오점을 남기며, 돌이킬 수 없는 불행을 가져온 아브람의 이야기가 나온다.

아브람이 하나님의 부르심과 약속을 받고 가나안 땅에 거주한 지 10년이 지났을 때의 일이다. 하나님은 아브람과 사래에게 자녀를 주시겠다고 분명히 약속하셨다. 그런데 그 약속이 있은 지 어느덧 10년이 지났지만, 이루어지지 않았다. 사래의 마음은 혼란스럽고 복잡해졌던 것 같다. 결국, 그녀는 하나님께서 자신에게 출산을 허락하지 않으신 것 같다고 결론지었다(2절). 그러고는 의심과 혼동 속에서 아브람에게 자신의 몸종 하갈을 통해 자녀를 낳으라고 제안한다. 아브람은 그 말을 덥석 물어 하갈과 잠자리를 같이했고, 하갈은 곧바로 임신했다. 그러자 하갈은 여주인 사래를 능욕하고 멸시하기 시작했다(4절).

이런 뜻밖의 문제가 발생하자 사래는 또다시 아브람에게 자신의 의견을 말한다.

사래가 아브람에게 말하였다. "내가 받는 이 고통은, 당신이 책임을 지셔야 합니다. 나의 종을 당신 품에 안겨 주었더니, 그 종이 자기가 임신한 것을 알고서, 나를 멸시합니다. 주님께서 당신과 나 사이를 판단하여 주시면 좋겠습니다."(창 16:5, 새번역)

모든 책임을 아브람에게 미루며, 여종 하갈을 처리해 달라고 강요한 것이다. 하갈을 통해 아이를 얻으려고 한 것은 분명 사래 본인이면서, 자신을 능욕하는 하갈의 태도에 사래가 또 변덕을 부리는 것이다. 이번에도 아브람은 아내의 말을 들어주었고, 사래는 하갈을 학대하여 결국 하갈이 집에서 도망하게 만들었다. 남편 아브람이 중심을 잡지 못하고 사래의 말에 매번 흔들리면서 가정의 질서와 평안함이 깨지는 결과를 초래한 것이다.

우리나라에서도 과거 씨받이가 된 여인은 비인격적인 대우를 받았다. 씨받이가 아들을 낳아 주면 그 대가로 약간의 논과 쌀을 받는다. 그 외에는 어떤 권리도 주어지지 않는다. 그러나 그 얼마간의 대가라는 것도 아들을 낳았을 때나 해당하는 이야기다. 딸을 낳으면 씨받이 값도 반값으로 줄고, 딸의 양육은 씨받이의 몫이 되었다. 본래 씨받이의 운명이란 것이 이렇다.

그런데 본문에서 주지시키려는 메시지는 씨받이가 된 하갈의 가여운

운명이 아니다. 우리가 주목해야 하는 것은, 믿음의 사람 아브람이 사래의 믿음 없는 말을 '들었다'라는 것이다(2절). 여기에 나타난 '들었다'는 아담이 하와의 말을 듣고 선악과를 따 먹었을 때 사용된 것과 동일한 단어다.

> … "너는 네 아내의 말을 듣고 내가 먹지 말라고 한 나무의 열매를 먹었다. …
>
> (창 3:17, 쉬운성경)

'들었다'로 번역된 히브리어 '샤마 레콜'은 듣자마자 곧바로 행동으로 옮긴다는 뜻이다. 이것이 바로 본문이 지적하는 내용이다. 아브람은 하나님의 음성을 듣기보다 아내의 의견을 들었고, 쉽게 수용했다. 당시 중동 문화의 관습을 여과 없이 받아들인 것이다. 그는 믿음의 족장답게 행동하지 않았다. 하나님께 신중하게 여쭙는 기도를 하는 대신 아내의 말을 즉각 듣고, 하갈과 곧바로 동침했다.

진정한 사랑

사래의 제안과 계획은 하나님으로부터 온 것이 아니었다. 자기 생각,

자기 방안, 자기 구상이었다. 그리고 아브람은 그 인간의 생각에 귀를 열었다. 우리가 하나님에게서 멀어질수록 사람의 말이 달콤하게 들린다.

사실 사래는 믿음이 좋은 여인이었다. 그런 그녀가 이런 궁여지책을 제안한 것은 아브람이 아내 사래에게 스트레스를 주었기 때문이라고 해석하는 학자도 있다. 그것이 사실이라면, 결국 스트레스 상황이 사래로 하여금 인간적인 방법을 찾게 만든 것이다. 꽤 일리 있는 추측이다. 우리도 그런 경험이 한두 개쯤은 있지 않은가?

어떤 민감한 사안에 대해 상대방을 불편하게 해서는 안 된다. 그 사안과 연관된 사람에게 스트레스를 주지 말아야 한다. 스트레스를 주는 것은 사랑이라고 할 수 없다. 진정으로 사랑하면 상대를 편안하게 해주고, 행복하게 해준다. 사랑하는 이가 평안한 것이 내게도 기쁨이 되기 때문이다.

내가 만난 외국인 선교사님들 중에는 자녀가 없는 분들이 있다. 그들은 하나님이 자녀를 주시지 않았기 때문에 더욱 효율적으로 선교할 수 있다고 고백한다. 자녀가 없는 현실을 믿음의 눈으로 받아들이고 믿음의 삶으로 살아 내는 것이다. 이것은 어느 한쪽의 결단만으로 이루어지지 않는다. 결핍으로 여겨질 수도 있는 삶의 환경을 서로가 사랑과 믿음으로 상대를 바라보고, 하나님 안에서 뜻을 발견하며 살아갈 때 가능한 고백이다.

독일 최고의 감성시인 라이너 마리아 릴케는 "사랑이란 고독한 두 사람이 서로 보호해 주고 어루만져 주고 서로에게 다가가는 것"이라고 정의한다. 사랑은 두 사람이 서로의 필요를 채워 주고 서로를 행복하게 해 주는 것이다.

성령님의 음성을 듣는 삶

서울 사이버대학 가족상담학 엄정희 교수의 책 제목이 참 좋다. 《17일간의 부부항해 내비게이터》. 저자는 책에서 부부가 행복한 인생 항해를 하려면 4가지 마음, 즉 4心이 있어야 한다고 이야기한다. 초심, 열심, 뒷심, 합심이다. 특히 부부는 모든 일을 같은 마음으로 함께해야 한다. 부부는 같은 마음, 같은 신앙, 같은 영성으로 살아야 한다. 합심 기도로 살아가야 한다.

따라서 그리스도인 부부라면 마땅히 주님의 음성에 귀를 기울이며 하나님 중심으로 살아야 한다. 자기 생각, 자기 의견, 자기 철학을 내세우기보다 성령님의 음성에 귀를 기울이고, 주님의 뜻에 민첩하게 되기를 바란다.

금세기 최고의 영성 신학자 달라스 윌라드는 하나님의 음성듣기를 한 마디로 이렇게 정의한다. "하나님과 소통하며 산다는 것은 곧 하나님이 나와 함께하신다는 증거다."

그렇다. 우리가 하나님의 음성을 들으며 살수록 우리는 하나님과 함께 살아가는 축복을 누린다. 그러므로 우리는 성령님의 인도하심에 민첩해야 한다. 성경은 이런 복된 말씀으로 우리에게 확신을 심어 준다.

하나님의 영으로 인도함을 받는 사람은, 누구나 다 하나님의 자녀입니다. (롬 8:14, 새번역)

우리는 하나님의 음성을 들으며 살아야 한다. 우리가 매 순간 하나님의 음성을 제대로 들을 수 있다면, 우리 인생의 항해는 순탄할 것이다. 인간은 불완전하기에 완전하신 하나님의 음성을 들어야 한다. 우리는 날마다 하나님의 내비게이션 안내를 받아야 한다.

세계적인 선교단체 YWAM의 총재 로렌 커닝햄은 하나님의 음성을 들으며 사는 표상적 인물이다. 그의 일상생활은 단순하다.

"하나님이 뭐라고 말씀하시는지 들어보세요."

그리고 그는 이렇게 덧붙인다.

"하나님이 말씀하신 일이라면 무엇이든지 순종합니다."

예수님은 이렇게 말씀하신다.

내 양들은 내 음성을 알아듣는다. (요 10:27, 우리말성경)

그러면 우리가 어떻게 하면 성령님의 음성을 들으며 살아갈 수 있을까?

성경을 읽읍시다

우리가 하나님의 말씀으로 충만할수록 하나님의 음성이 잘 들린다. 작은 속삭임도 알아챌 수 있을 만큼 예민해진다. 우리의 감성과 지성이 말씀으로 가득 찰수록 하나님의 음성이 풍성하게 들리는 법이다.

헨리 나우웬은 하나님의 말씀을 묵상하는 시간을 '비우는 시간이자 채우는 시간'이라고 정의한다. 내 것을 비우고, 하나님의 것으로 채우는 축복의 시간이라는 것이다.

사도 바울은 골로새서 3장 16절에서 이렇게 권장한다.

그리스도의 말씀이 여러분 안에 풍성히 거하게 하십시오. (골 3:16, 우리말성경)

성경은 시종일관 우리가 하나님의 말씀을 듣고 따르는 만큼 복을 받는다고 강조한다. 모세는 신명기 28장 2-6절에서 이렇게 보장한다.

당신들이 주 당신들의 하나님의 말씀에 순종하면, 이 모든 복이 당신들에게 찾아와서 당신들을 따를 것입니다. 당신들은 성읍에서도 복을 받고, 들에서도 복을 받을 것입니다. … 당신들은 들어와도 복을 받고, 나가도 복을 받을 것입니다. (신 28:2-6, 새번역)

성결한 마음을 가집시다

하나님의 뜻을 알기 위해서는 마음이 깨끗해야 한다. 예수님은 마음이 청결한 자가 하나님을 보며 살아간다고 말씀하신다.

마음이 깨끗한 사람은 복이 있다. 그들이 하나님을 볼 것이다. (마 5:8, 새번역)

마음이 깨끗하면 하나님의 내비게이션 안내가 보인다. 순수한 동기를 갖는 것 자체가 하나님의 뜻을 발견하기 위한 첫째가는 시금석이다.

아브람이 주님의 음성보다 아내의 말에 더 귀를 기울였던 것은 그의 마음이 순수하지 못했기 때문이다. 하나님의 분명한 약속이 있었음에도 불구하고, 아내의 말에 귀를 기울인 것은 그의 마음 상태를 보여 준다.

우리가 깨끗한 마음으로, "주님이시라면 어떻게 하시겠습니까? 말씀해 주세요."라고 물으면 은밀한 중에 주님은 당신의 뜻을 알려 주신다.

성령님께 민첩합시다

성령님은 우리의 영혼을 향해 말씀하시는 분이다. 성령님은 우리의 가슴속에 속삭여 주신다.

리더십 권위자요, 조직 컨설턴트인 스티븐 코비는 《성공하는 사람들의 8번째 습관》이라는 책에서 자기 리더십이 확고한 사람일수록 내면의 소리를 들을 줄 아는 자라고 강조한다. 그 내면의 소리는 바로 하나님의 음성이다. 하나님께서 조용히 속삭여 주시는 음성이다.

빌 하이벨스는 이렇게 간증한다.

"초월적인 하나님의 조용한 속삭임을 듣는 것은 인생의 가장 신비한 특권이라고 나는 믿습니다. 또한 가장 역동적인 신앙생활의 원리라고 생각합니다."

성경은 성령의 감동으로 기록되었다. 그래서 읽을 때도 성령님의 감동이 필요하다. 우리가 성경을 읽을 때마다 '지혜와 계시의 성령'을 달라고 기도해야 하는 이유가 바로 이것이다(엡 1:17).

성경에는 성령님께 귀 기울이며 살았던 훌륭한 부부들이 등장한다. 모세의 부모 아므람과 요게벳은 이집트 왕 바로의 압정으로 어린 아들을 죽여야 할 상황이었으나, 성령님의 감동을 따라 아들을 살려 내고, 역사의 인물로 만들어 냈다(히 11:23). 세례 요한의 부모 사가랴와 엘리사벳은 일평생 포기하지 않고 기도함으로 늦은 나이에 아들을 얻었고, 그를 성령의 사람으로 키워 냈다(눅 1:13). 인류의 구원자 예수님을 배출시킨 요셉과 마리아는 성령의 지시에 민첩하게 순종하는 훌륭한 영성을 보여 준다(마 1:20).

부부가 함께 기도하며 성령님의 음성에 귀를 기울이자. 그러면 하나님의 뜻을 깨닫게 하신다. 알게 하시고 느끼게 하시며 큰 감동으로 확신을 주신다. 성령님은 때때로 우리가 그동안 듣고 읽은 말씀을 생각나게 하셔서(요 14:16, 26) 진리 가운데로 우리를 인도해 주신다. 하나님이 원하시는 삶을 살도록 우리의 걸음을 이끄신다.

우리가 들어야 할 것은 여자 말도 아니고, 남자 말도 아니다. 오직 주님의 말씀이다. 성령님의 내비게이션 안내를 받아 주님의 말씀을 들으며 살아가는 가정이 되기를 축원한다.

1. 크고 작은 결정 앞에서 누구의 의견을 가장 중요하게 생각합니까? 그 이유는 무엇입니까?

2. 나는 성령님의 음성에 민감한 부모입니까?

_____

_____

_____

_____

_____

_____

_____

_____

_____

_____

6 기적이 일어나는 가정 만들기

요한복음 4:46-54

경기중학교를 수석으로 입학하고, 고등학교를 단 4개월 공부한 후 검정고시로 서울대학교에 차석으로 들어간 천재가 있었다. 그는 24살에 미국 플로리다대학교에서 박사학위를 받고 교수가 되어 '꼬마교수'라는 별명을 얻었고, 한국과학기술원을 설립해 세상의 주목을 받으며 승승장구했다.

그러던 어느 날, 그의 가정에 청천벽력 같은 큰 고난이 찾아왔다. 사랑하는 아들이 신부전증으로 투병 생활을 하게 된 것이다. 이런 불가항력적 상황에서 그의 사회적 스펙은 무용지물이었다. 병상에 누워 있는 아들 앞에서는 나약하고 무력한 아버지에 불과했다.

이런 삶의 어두운 터널을 거치며 그는 예수님을 영접하고 믿음을 가지게 되었다. 아들의 질병과 고난으로 신앙의 사람이 되었다. 정근모 박사의 이야기다.

2016년 여름, 미래목회포럼에서 우리나라 최고의 국문학자요 영원한 문화인, 통섭의 지식인으로 불리는 이어령 선생님의 간증을 들었다. 그는 딸 이민아 변호사가 인생의 모진 시련을 겪으며, 설상가상으로 암에 걸려 투병하면서도 그 모든 고통을 신앙으로 견디고 이겨 내는 초월적 영성에 매료되었다고 했다. 그리고 그로 인해 자신도 예수님을 붙잡는 믿음을 갖게 되었다고 고백한다.

그는 《딸에게 보내는 굿나잇 키스》라는 책에서 아버지로서의 본분을 다하기 위해 하나님 앞에 무릎 꿇게 된 이야기를 풀어낸다. 그러면서 우리 모두가 이성과 지성의 수준에서 영성의 수준으로 도약해야 한다고 호소한다.

요한복음 4장에도 아픈 자녀를 둔 한 아버지가 등장한다. 그는 고위 공직자였지만 아들이 병들어 위독해지자 예수님을 찾아온다. 사회적 위치도, 경제적 능력도 병든 아들 앞에서는 쓸모가 없었다. 그는 물에 빠진 사람이 지푸라기라도 잡는 심정으로 예수님 앞에 무릎을 꿇는다. 그리고 그의 간절한 바람대로 예수님은 그의 아들을 고쳐 주신다. 이 놀라운 은혜가 더욱 뭉클한 것은, 걸음마 단계의 초보적인 신앙으로도 죽어 가는 아들을 살려 내는 놀라운 기적을 일으키는 아버지가 된다는 사실이다.

우리 가정에도 이런 놀라운 기적의 은총이 임하기를 축원한다. 하나님은 우리의 아주 작은 믿음에도 "네 믿음이 크도다"라고 말씀하시며 큰 기적의 은혜를 베풀어 주신다.

그렇다면 어떤 신앙을 가져야 기적이 일어나는 가정을 만들 수 있을까?

겸허한 신앙을 가져야 한다

본문의 주인공은 로마 정부의 고위 공직자다.

예수께서 다시 갈릴리 가나에 이르시니 전에 물로 포도주를 만드신 곳이라 왕의 신하가 있어 그의 아들이 가버나움에서 병들었더니 (요 4:46, 개역개정)

그의 관직은 '왕의 신하'다. 헬라어로는 'basilikos'인데 '작은 왕'이라는 뜻으로, 로마 총독부의 관리다. 로마 정부의 고위층으로서 그는 예수님께 자신의 집으로 가 달라고 당당하게 부탁할 수도 있었다. 그런데 그는 예수님께 간절히 애원하는 겸허함을 보인다.

… 가서 청하되 내려오셔서 내 아들의 병을 고쳐 주소서 … (요 4:47, 개역개정)

그의 겸비함은 예수님을 부르는 호칭에서 더욱 드러난다. 그는 예수님을 "주님"(Kurios)이라고 부른다(49절). 로마 제국의 고급관료가 예수님을 주님이라고 부른 것은 놀라운 일이다. 그는 예수님 앞에서 자신의 신분의식과 자존심을 깨끗이 버리고, 겸허한 자세로 신앙을 고백한 것이다. 예수님은 그의 이런 겸허함을 보시고, 그 가정에 기적을 일으켜 주신다.

세계적인 기독교 잡지 〈Christian Century〉에 이런 제목의 기사가 실렸다. "이 세대는 반겸손의 시대다." 기사의 제목처럼 겸손의 미덕이 사라지고, 사람들은 총체적으로 점점 교만해져 가고 있다. 심지어 어린아이들까지도 교만해지고 있다. 그러다 보니 겸허함 위에 부으시는 하나님의 은혜가 중단되고 있는 것이다.

미국 케네디 대통령은 백악관 집무실 책상에 '오, 하나님. 당신의 바다는 너무 넓고, 제 배는 너무 작습니다'라고 쓰인 조그만 목판을 올려뒀다고 한다. 그의 겸비한 성품을 보여 주는 부분이다.

영국 왕들은 대단히 화려한 왕관을 썼다. 그런데 10세기 말에 왕관을 쓰지 않는 괴짜 임금이 있었다. 카누트 황제다. 그는 신하들이 지나치게 자신을 높이는 것이 싫어서, 하루는 왕좌를 해변으로 옮기도록 했다. 그리고 밀물이 들어올 때 큰소리로 외쳤다.

"바다여, 멈추어라!"

그는 해변의 왕좌에 앉아서 바다를 향해 여러 번 명령했지만, 바닷물은 사정없이 밀려 들어와 왕좌의 절반까지 차올랐다. 결국, 파도에 밀린 왕은 왕좌에서 떨어져 물속에 빠졌다. 그러자 카누트 왕은 신하들에게 이렇게 외쳤다.

"보았느냐? 나는 아무것도 아니다. 권능은 오직 하나님께만 있다. 너희가 의지할 이는 오직 하나님이시다."

그날부터 왕은 왕관을 십자가에 달리신 예수상에 걸어 놓았다고 한다.

성경은 겸손한 자의 축복에 관해 이런 아름다운 말씀들을 들려준다.

1) 여호와께서 겸손한 자의 소원을 들어주신다(시 10:17).

2) 겸손한 자는 먹고 배부를 것이라(시 22:26).

3) 여호와께서 겸손한 자를 붙들어 주신다(시 147:6).

4) 하나님은 겸손한 자에게 은혜를 주신다(잠 3:34).

5) 마음이 겸손한 자가 영예(존귀)를 얻는다(잠 29:23).

6) 하나님은 마음이 겸손한 자와 함께하신다(사 57:15).

오늘도 하나님의 은혜는 겸손한 자에게 내려온다. 우리가 하나님 앞에서 겸손한 만큼 놀라운 기적의 은혜가 따라붙을 것이다. 특히 부모가 먼저 겸손하자. 부모가 낮아지는 만큼 하나님께서 가정에 큰 은혜를 주실 줄 믿는다.

간구하는 신앙을 가져야 한다

기적의 원동력은 기도에 있다. 간구하는 신앙을 가질 때 기적이 따라붙는다.

병들어 죽어 가는 아들을 살리려고 아버지는 예수님이 계신 가나까지 단숨에 달려간다. 가버나움에서 가나까지는 약 30km 정도다. 걸어서는 6시간, 마차를 타고는 2시간 이상 걸리는 거리다. 그런데 그는 예수님을 만나려고 애타는 마음으로 달려왔다. 그리고는 예수님을 자신의 집으로 모시려고 애절하게 간청한다.

예수께 와서 "제발 가버나움으로 내려오셔서, 아들을 고쳐 주십시오" 하고 애원하였다. (요 4:47, 새번역)

여기 '애원한다'라는 단어는 '계속 간청한다'라는 뜻이다. 헬라어로 미완료 시제다. 예수님께서 대답하실 때까지 떼를 쓴 것이다. 이것이 곧 간청하는 기도다.

어떤 사람이 빌리 그래함 목사님께 성공의 비결이 무엇이냐고 물었다. 목사님의 대답은 매우 단순했다. 첫째, 기도(prayer). 둘째, 많은 기도(more prayer). 셋째, 더 많은 기도(much more prayer). 얼마나 멋있는 대답인가?

신학교 시절에 큰 도움을 받았던 책 중 하나가 소련지하교회 지도자 피터 데이네카가 쓴 책, 《much prayer, much power》이다. 제목이 전하는 것처럼 기도하는 만큼 능력이 나타난다. 기도의 분량이 곧 축복의 분량이 된다. 기도 통장의 잔고가 쌓이는 만큼 응답의 축복 속에 살아갈 것이다.

성경은 무릎 기도를 강조한다. 2016년에 런던에서 부흥회를 마치고 기독교 유적지를 탐방할 기회가 있었다. 교회역사에 기념이 되는 훌륭한 교회들을 둘러보면서 두 가지 놀라운 사실을 발견했다. 첫째, 수백 년의 역사를 가진 교회들이 아직도 저녁예배를 성실하게 드리고 있었고, 둘째, 거의 모든 교회가 의자 밑에 기도 방석을 비치하고 있는 것이었다. 모든 교인이 자기 방석을 의자 밑에 두고 있던 한 교회의 모습은 특히 감동적이었다.

엎드리는 만큼 기적이 일어난다. 하나님은 오늘도 무릎 꿇는 자에게 은혜를 주신다. 부모가 무릎 꿇고 간구하는 만큼 기적이 따라붙는 가정이 되고, 자녀들이 형통한다. 특히 가장이 무릎 꿇고 기도하는 만큼 가정이 축복을 받는다. 하나님 앞에 무릎 꿇는 만큼 세상 앞에 무릎 꿇지 않고 살아가게 된다.

따라서 우리에게 필요한 것은 간구하는 믿음의 기도다. 더욱 겸손히 무릎 꿇고 깊이, 최대한 많이 기도하며 살아가자.

예수님만 신뢰하는 믿음을 가져야 한다

본문이 강조하려는 핵심은 "그가 예수님을 믿었다"이다. 요한복음은 우리가 믿어야 할 예수님을 강조한다. 성경에서 '믿음'이라는 단어가 600번 정도 나타나는데, 그중에 1/6을 요한복음에서 사용한다. 그만큼 믿음을 강조한다. 믿음이 있어야 구원받고, 믿음이 있어야 하나님의 능력을 체험하기 때문이다.

본문의 주인공은 예수님을 전적으로 신뢰하고 믿는 모습을 보여 준다. 자기 집으로 와 달라고 간곡하게 부탁하는 그에게 예수님은 단도직입적으로 그냥 집으로 돌아가라고 말씀하신다.

가 보아라. 네 아들이 살 것이다. (요 4:50, 우리말성경)

어떻게 보면 너무나 황당한 말씀이다. 그런데 그는 예수님의 말씀을 그대로 믿고 집으로 돌아간다. 순도 100%의 믿음이다. 아버지의 이런 믿음 덕분에 아들이 살아나는 기적이 일어난 것이다. 이 사건을 계기로 그의 온 집안이 함께 예수님을 믿었다고 성경은 기록한다(53절). 이 아버지가 가정에서 얼마나 신앙적으로 영향력이 있었는지를 보여 주는 구절이다.

오늘도 한 사람의 믿음이 온 가정과 크게는 가문을 구원시킨다. 믿음대로 이루어진다. 그러므로 우리는 사람 중심이 아니라 하나님의 관점으로 삶의 모든 문제를 바라보고 해석해야 한다.

… 사람으로는 할 수 없으나 하나님으로서는 다 하실 수 있느니라 (마 19:26,
개역개정)

우리는 사람의 생각을 뛰어넘어 하나님의 능력을 바라볼 수 있어야 한다. 이어령 선생님이 말한 대로 지성에서 영성으로 뛰어넘어야 한다.

의심은 장애물을 보지만 믿음은 길을 본다. 의심은 어두운 밤을 보지만, 믿음은 낮을 본다. 의심은 한 발자국 떼기를 두려워하지만, 믿음은 하늘을 날아오른다. 의심은 "누가 믿겠느냐"고 묻지만, 믿음은 "내가 믿는다"라고 대답한다.

고든 맥도날드는 그의 책, 《내면세계의 질서와 영적 성장》에서 현대를 살아가는 사람들의 삶을 두 가지 유형으로 나눈다. 한 유형은 '충동에 이끌리는 삶'이고, 또 다른 유형은 '소명에 이끌리는 삶'이다. 당신은 어느 쪽인가? 만약 하나님을 아버지로 고백하고 하나님의 자녀로 살아가기로 결단했다면, 우리는 하나님 나라 비전이라는 소명에 이끌리는 삶을 살아야 한다.

로렌 커닝햄은 믿음을 이렇게 정의한다.

믿음이란 아무것도 없지만 필요한 것을 얻게 되리라고 믿는 것이다.

믿음이란 어떤 일이 일어나기 전에 그 일이 일어나리라고 믿는 것이다.

믿음은 자기 스스로 할 수 없는 문제라 할지라도 하나님은 하실 수 있음을 아는 것이다.

믿음으로 산다는 것은 하나님께서 행하실 기회를 드리는 것이다.

믿음은 하나님 말고는 아무도 그 일을 할 수 없을 때 비로소 발휘되는 것이다.

그러므로 우리가 하나님을 믿고 있다면 문제의 크기도, 돈의 액수도, 어떤 상황도 문제되지 않는다.

따라서 "믿음은 벼랑 끝에 서보는 거룩한 도박이다"(Daring to live on the edge).

이것이 곧 기적을 가져오는 벤처신앙이다. 우리가 겸허한 신앙으로 무릎 꿇고 기도하는 만큼 기적이 일어나는 가정과 일터가 된다. 오직 주님만 신뢰하자. 주님의 말씀을 의심 없이 받아들이자. 그렇다면 놀라운 기적이 일상이 되는 은혜의 삶을 살게 될 것이다.

1. 나는 기도하는 부모입니까?

2. 당신의 자녀 앞에 놓인 문제를 당신이 해결하려고 하십니까?
먼저 하나님께 묻는 신앙입니까?

---

7 부모여,
자녀를 제자훈련 합시다

사무엘상 2:12; 3:13

엘리의 아들들은 행실이 나빴다. 그들은 주님을 무시하였다.

(삼상 2:12, 새번역)

엘리는 자기 아들들이 나쁘다는 것을 알았다. 또 자기의 아들들이 나를 배반

한 것도 알았다. 그러나 엘리는 그들을 말리지 않았다. 그래서 나는 엘리의

가족을 영원토록 벌주겠다고 말했다. (삼상 3:13, 쉬운성경)

　도미니카공화국을 가는 도중에 뉴욕을 들른 적이 있다. 훌륭한 사업

가로 남은 록펠러가 헌당한 리버사이드 교회를 방문하기 위해서였다.

세계 제일의 전설적 부호였던 록펠러는 시카고대학을 비롯해 24개의 대

학교를 지어 기증했고, 특히 미국 최고의 명물인 리버사이드 교회와 함께 4,928개 교회를 건축해 하나님께 바친 신앙의 사람이다.

그가 이처럼 거대한 축복을 받으며 하나님께 헌신할 수 있었던 배경에는 어머니의 신앙훈련이 있었다. 그는 인생의 성공비결을 이렇게 이야기한다.

"어머니로부터 엄청난 신앙적 유산을 물려받은 덕분입니다."

어머니가 아들 록펠러에게 어려서부터 심어 준 〈신앙생활 10가지 지침〉은 많은 것을 생각하게 한다.

1) 하나님을 친아버지 이상으로 섬겨라.

아버지가 생계를 위해 필요한 것을 공급해 주지만, 더 중요한 공급자는 바로 하나님이심을 가르친 것이다.

2) 목사님을 하나님 다음으로 섬겨라.

목사님과 좋은 관계 속에서 하나님의 말씀을 듣고 따르는 것이 축복된 길이기 때문이다.

3) 주일 예배는 본 교회에서 드려라.

하나님의 자녀로서 교회에 충성해야 한다는 것을 알려 준 것이다.

4) 오른쪽 주머니는 항상 십일조 주머니로 해라.

록펠러를 큰 기업가로 만들어 준 신앙의 기본 지침이다. 특히 십일조는 하나님의 것으로서 당연히 먼저 구별한 후, 나머지를 가지고 필요에 따라 사용해야 함을 가르쳐 준 것이다.

5) 아무도 원수로 만들지 말라.

다른 사람과의 관계가 좋지 않으면 하는 일마다 장애요소가 될 수 있기 때문이다.

6) 아침에 목표를 세우고 기도하라.

그날의 해야 할 일을 하나님께 맡기며, 하나님의 도우심을 구하는 삶에 대한 가르침이다.

7) 잠자리에 들기 전 하루를 반성하고 기도하라.

살면서 알게 모르게 계속해서 짓는 죄를 가능한 빨리 회개하고, 죄로 인한 어려움과 고통을 피할 수 있도록 인도한 것이다.

8) 아침에는 꼭 하나님의 말씀을 읽어라.

하나님이 말씀하는 것을 들으려는 시간이 필요하다. 그것을 하루를 시작하는 아침에 함으로써, 하나님 말씀을 최우선순위에 두게 한 것이다.

9) 남을 도울 수 있으면 힘껏 도우라.

선한 일에 앞장서는 삶에 대한 지침이다.

10) 예배 시간에 항상 앞에 앉으라.

예배드리고 말씀 듣는 일에 누구보다도 앞장서는 영혼의 목마름이 필요하다.

이처럼 부모는 자녀를 신앙적으로 양육하고 훈련해야 한다. 성경은
시종일관 부모가 자녀를 제자훈련 하도록 실제적인 지침을 준다.

아이를 꾸짖지 않는 것은 사랑하지 않는 것이니 사랑하거든 자녀를 훈육하여

라. (잠 13:24, 메시지 성경)

아들에게 매를 들어야 희망이 있다. 그러나 들볶아 죽여서는 안 된다.

(잠 19:18, 공동번역)

자녀에게 올바른 길을 알려주어라. 나이가 들어서도 길을 잃지 않을 것이다.

(잠 22:6, 메시지 성경)

나 주가 너의 모든 아이를 제자로 삼아 가르치겠고, 너의 아이들은 번영과 평화를 누릴 것이다. (사 54:13, 새번역)

성경에서 사용하는 '훈육'(discipline)은 두 가지 뜻을 함축하고 있다. 첫째는 '가르침, 학습'이고(discipulus), 둘째는 '학생, 제자'(disciples)를 의미한다. 따라서 자녀를 양육하는 것은, 곧 자녀를 제자로 삼는 것이다. 부모는 자녀에게, 예수님 같은 제자훈련자가 되어야 한다. 자녀가 하나님 중심으로 살아갈 수 있도록 훈련시키는 것은 하나님을 믿는 부모로서 마땅히 해야 하는 일이다.

그런데 요즘 부모들의 자녀훈육은 매우 약하다. 약한 정도가 아니라 훈육부재라고 할 수 있을 정도다. 그리스도인 부모도 크게 다르지 않다는 것이 안타까운 일이다. 많은 학부모들이 자녀에게 이렇게 말한다.

"너는 공부만 해라. 나머지는 엄마가 다 해줄게."

자녀에게 알려 주어야 할 가장 중요한 것이 무엇인지 망각한 처사다.

자녀훈육에 무감각했던 엘리

이스라엘의 종교지도자였던 엘리는, 자녀훈육에 대해서는 매우 무감각했다. 아들들의 잘못에 대해 지나치게 관대했다. 자녀의 인생을 들판에 그냥 놔둔 셈이다.

엘리 제사장의 프로필을 관찰해 보면, 그가 아주 훌륭한 가문의 출신임을 알 수 있다. 그는 이스라엘의 제사장 가문인 아론 자손, 이다말의 후손이다. 그래서 그는 장장 40년 동안 이스라엘의 제사장과 지도자로 일했다. 그런데 그는 자녀들에게 그 훌륭한 신앙의 유업을 물려주지 못했다. 경건한 혈통을 이어 주지 못했다. 자녀들을 제대로 훈련하지 않았기 때문이다. 그 결과 그의 자녀들은 그처럼 명망 높은 가문과 혈통에 부끄러운 먹칠을 했고, 불명예를 초래했다.

게다가 시간이 지날수록 엘리의 신앙적 가치관도 흐려졌다. 영적 분별력이 둔해진 것이다. 그러다 보니 성전에서 뜨거운 눈물을 쏟으며 애절하게 기도하는 한나를 향해서는 술 취한 것이 아니냐고 비난하기에 이르렀고, 마땅히 비난하고 교정해야 할 자녀들의 비행에 대해서는 관대했다.

오늘 우리에게도 이런 모순이 있을 수 있다. 남들에 대해서는 쉽게 판단하고 정죄하면서, 자기 자녀에 대해서는 한없이 너그러워지는 것이다. 이것이 바로 자식 우상화다.

엘리는 하나님을 섬기는 제사장이었음에도 불구하고 자녀양육에 여러 허점을 보인다. 첫째, 자녀를 하나님보다 더 중히 여겼고(2:29), 둘째,

자녀가 큰 잘못을 저질렀음에도 나무라지도 막지도 않았다(3:13). 그리고 셋째, 자녀에게 믿음을 전수하지 못함으로써 당대에 신앙의 가문이 끝나는 과오를 범했다(4:11).

자녀의 행실이 잘못된 것임을 알면서도 처음부터 말리거나 바로잡지 않았던 그는, 뒤늦게야 잘못을 지적하고 책망했지만(2:22-25), 이미 때는 늦었다. 그의 아들들은 아버지의 권위를 무시하며 아버지의 말을 거역했고, 오히려 아버지의 잘못을 답습했다.

잘못된 부모상을 버리자

많은 부모들이 자녀의 잘못에 관대하다. 자녀가 잘못을 저질렀을 때 바로 지적하고 바로잡지 않는 이유를 단 한 가지로 설명할 수는 없을 테지만, 가장 큰 이유가 아마도 사람들 앞에서 내 자녀를 기죽이지 않겠다는 잘못된 생각 때문일 것이다. 그러나 이러한 자식우상주의 현상이 자녀를 망친다.

훌륭한 교육학자인 루소는 경고한다.

"자식을 불행하게 하는 가장 확실한 방법은 언제나 무엇이든지 손에 넣을 수 있게 해주는 일이다."

우리나라의 부모들은 자녀들을 야심가로만 키워 내고 있다. 어린 시절 익혀야 할 기본적인 태도와 자세는 무시한 채, 자녀가 바라는 것을 이룰 수 있도록 돕는 것이 부모의 역할이라고 잘못 생각하는 것이다.

'어려서 굽은 나무는 후에 안장감이다'라는 속담을 가슴에 새기자. 부모가 아무리 사회적으로 명망을 갖추고 있더라도 자녀를 제대로 훈육하지 못하면 결국 그들의 운명을 불행하게 만들고 만다.

미국 워싱턴장로교회의 청소년사역자 조나단 머츨러 목사는 '잘못된 부모상 10가지'를 지적한다.

1) 주일 예배나 교회 수련회 기간에 맞춰 여행을 떠나는 부모

2) 예배 시간에 몇 번씩 시계를 들여다보는 부모

3) 자녀 앞에서 목회자의 흠집을 잡는 부모

4) 십일조나 헌금을 제대로 하지 않는 부모

5) 교회를 자주 옮겨 다니는 부모

6) 예배 시간에 지각하는 부모

7) 불규칙적으로 기도하는 부모

8) 교회에서 봉사하지 않는 부모

9) 자녀가 교회에 오래 있지 못하도록 하는 부모

10) 말만 앞세우는 부모

부모가 얼마나 정신을 바짝 차려야 할지 따끔한 교훈을 주는 지침이다.

자녀훈육에 대한 어떤 학자의 표현이 매우 의미 깊다.

"Discipline is destiny. Discipline determines a child's destiny."

그렇다. 자녀훈육이 자녀의 운명을 결정한다.

부모가 자녀의 영성을 제자훈련 해야 한다. 킬리만자로의 표범처럼 배고파 죽을지언정, 들판의 하이에나같이 썩은 고기를 먹어서는 안 된다고 가르쳐야 한다. 이런 인생관과 철학이 자녀훈육의 기초가 되어야 한다.

부모가 먼저 보여 주는 삶

교회 리더들과 함께 19세기 최고의 부흥전도자 존 웨슬리 목사님의 고향을 방문한 적이 있다. 존 웨슬리가 자란 아버지 사무엘 목사님의 사택을 안내해 주신 그 교회 장로님의 설명이 매우 인상적이었다. 우리가 알듯이 존 웨슬리는 감리교의 창시자다. 감리교는 영어로 'Methodist'로 '신앙의 규칙과 규정을 따라 사는 사람들'이란 뜻이다. 그런데 우리를 안내해 주신 장로님의 설명이 모두의 고개를 끄덕이게 했다.

"감리교의 진정한 창설자는 존 웨슬리의 어머니 수산나입니다."

아들 웨슬리에게 규칙적인 신앙생활을 체질화시킨 분이 어머니 수산나이기 때문이다. 그녀의 가정교육 지침이 훌륭하다. 첫째, 자녀의 신앙교육, 둘째, 어린 시절 훈육이다. 그녀는 자녀를 가르칠 때 어떤 것이든 20번 이상씩 반복해서 주입했다. 성실하게 제자훈련 한 것이다.

그런데 여기서 짚고 넘어가야 할 것은, 단순히 그녀가 여러 번 반복했다는 사실이 아니다. 그녀가 만약 자신은 엉망으로 살면서 입으로만 자녀를 훈련했다면, 자녀들은 그 훈련을 어떻게 받아들였을까? 어쩌면 감리교의 창시자, 존 웨슬리는 없었을지 모른다. "부모는 당신의 자녀가 되기를 바라는 바로 그런 사람이 되어야 한다"는 말이 있다. 즉, 당신이 자녀에게 줄 수 있는 최선은 바로 당신 자신이라는 말이다.

부모 된 우리가 일평생 우리 자신의 영성 향상을 노력하며 살아가야 한다. 하나님과 동행하는 삶을 자녀들에게 보여 주며 살아야 한다. 나이가 먹을수록 더욱 영성 향상을 이루어 가야 한다. 고결한 신앙의 족적을 남기고, 자녀들에게 감동을 주는 삶을 살아야 한다. 자녀들에게 아름다운 영성을 형성시켜 주어야 한다. 계속 믿음의 가문을 이어 가며, 거룩한 혈통을 이룰 수 있게 부모가 먼저 삶으로 보여 줘야 한다.

제자훈련의 열매를 기대하자

최근에 미국 남부의 핵심도시 애틀랜타를 방문했다. 조지아 주의 수도인 애틀랜타는 미국의 영성을 주도하는 바이블 벨트의 요람이다. 거기서 최근 미국에서 선풍적으로 각광받고 있는 패스트푸드점 칙필레(chick-fil-a)를 들렀다. 칙필레는 최근에 KFC를 3배 이상 앞지를 만큼 번성하고 있는데, 현재 미국 39개 주에 1,800개 이상의 프랜차이즈 매장을 가지고 있다.

창업주는 트루엣 캐시(Truett Cathy)로 아주 훌륭한 신앙인이다. 그의 사업 이념 중 하나는 주일에 영업을 하지 않는 것이다.

"왜 칙필레는 주일마다 문을 닫는가?"라는 기자의 질문에 그는 명쾌하게 대답한다.

"주일에 사람들이 북적거리는 쇼핑센터에 가면, 주일마다 문을 닫고 있는 칙필레를 보기 때문에 무언으로 하나님을 증언하는 효과를 냅니다."

그는 사업에서 벌어들인 막대한 돈을 사회에 환원했고, 특히 청소년들의 학업 지원에 크게 이바지했다. 그리고 2014년 93세 일기로 모든 사람으로부터 존경을 받으며 세상을 떠났다.

지금은 그의 아들 다니엘 캐시(Daniel Cathy)가 사업을 이어받아 경영하고 있는데, 그는 아버지의 영성을 제대로 물려받은 훌륭한 신앙인이다. 특히 그는 동성애를 적극적으로 반대하는 운동을 펼치고 있다. 기업을 운영하며 따르는 수많은 어려움을 흔들리지 않는 신앙으로 이겨 내고 있다. 아버지의 제자훈련이 맺은 멋진 열매다.

우리는 자녀들을 신앙적 가치관으로 제자훈련 해야 한다. 앞서 언급했듯이 부모가 자녀를 제자훈련 하는 것은 단순히 말로 가르치는 것이 아니라 삶으로 보여 주는 것, 즉 모델링이다. 추상적 이론이 아닌, 실천적 신앙으로 본을 보여 주는 것이다.

바울은 디도서에서 이렇게 호소한다.

그대는 선한 일을 하며 모든 면에서 그들에게 본을 보이고, 정직하고 진지하게 가르치십시오. (딛 2:7, 쉬운성경)

우리 모두 신앙의 부모로서 하나님의 말씀으로, 하나님 중심의 삶으로 자녀를 제자훈련 하며 살아갈 수 있기를 바란다. 제자훈련은 반드시 열매를 맺는다.

좋은
부모
되기

1. 자녀에게 전할 '신앙생활의 지침'이 있습니까? 나는 그 지침대로
   살아가는 부모입니까?

2. 자녀를 제자훈련 하는 데 가장 큰 어려움은 무엇입니까?

_____

_____

_____

_____

_____

_____

_____

_____

_____

_____

_____

8 부모의 가장 훌륭한 기도

사사기 13:8-14, 24-25

나는 우리 교회에서 세례문답을 할 때마다 늘 감동을 받는다. 상황에 따라 서로 상반된 이유로 감동이 찾아오는데, 첫 번째는 자녀들이 믿음의 가정에서 잘 자란 것에 대한 흐뭇함이고, 두 번째는 부모 중 아무도 예수 믿지 않는 환경에서 스스로 교회에 나와 신앙생활 하는 아이들에 대한 감격이다. 신앙적 배경이 전혀 없는데도 좋은 신앙을 갖는 모습은 언제나 뭉클할 만큼 아름답다.

토마스 플러는 마태복음 1장에 나타나는 예수님의 족보를 연구하다가 다음 4가지 사실을 발견했다.

첫째, 불량한 아버지가 불량한 아들을 낳았다(르호보암이 아비야를).

둘째, 불량한 아버지가 선량한 아들을 낳았다(아비야가 아사를).

셋째, 선량한 아버지가 선량한 아들을 낳았다(아사가 여호사밧을).

넷째, 선량한 아버지가 불량한 아들을 낳았다(여호사밧이 요람을).

물론 우리가 '좋은 자녀' 혹은 '나쁜 자녀'라고 단정 지을 자녀는 없다. 오직 하나님의 자녀일 뿐이다. 자녀는 하나님의 선물이다. 메시지 성경에서는 시편 127편 3절을 이렇게 번역한다.

자녀는 하나님이 주시는 최상의 선물 (메시지 성경)

(Children are God's best gift)

본문에 등장하는 삼손이 바로 그런 자녀다. 삼손은 하나님께서 은혜로 출생시킨 인물이다. 그의 어머니는 체질적으로 임신하지 못하는 여인이었으나 하나님께서 특별한 은총으로 태의 문을 열어 주셨다(2-3절). 그래서 삼손의 아버지 마노아는 하나님께 이 자녀를 어떻게 길러야 할지 가르쳐 달라고 하나님께 기도한다(삿 13:8, 12). 어쩌면 성경에 나오는 부모의 기도 중 가장 훌륭하다고 볼 수 있다.

삼손의 아버지 마노아는 매우 경건한 사람이었다. 특히 부부관계가 아주 좋았고, 신실한 신앙으로 살아갔다. 사사기 13장 앞부분을 관찰해 보면 그들이 얼마나 멋진 부부인지를 알 수 있다. 남편과 아내가 함께 하나님의 음성을 들으며 살기 위해 최선을 다했고, 어두운 현실 속에서도 부부가 함께 손잡고 기도하며 살았다(6-7절). 그야말로 옥토가정이었다.

이처럼 부부가 함께 손잡고 기도하니 하나님께서 그 기도를 기쁘게 들어주신 것이다.

하나님께서 마노아의 기도를 들으셨습니다. (삿 13:9, 쉬운성경)

부모가 기도하면 놀라운 일이 일어난다

부부가 함께 기도하는 가정에 기적이 찾아온다. 모든 어려움과 문제는 오직 은혜로 풀린다. 특히 부모로서 자녀의 양육을 두고 하나님께 지혜를 구하며 무릎을 꿇는 만큼 하나님은 기쁨으로 응답하신다. 자녀는 하나님께서 주신 선물이기에 우리가 그것을 인정하고 기도하면, 하나님은 그 자녀가 당신의 작품이 되도록 축복하신다.

우리가 잘 알고 있는 D. 맥아더 장군이 훌륭한 지도자가 된 것은 어머니의 기도 덕분이다. 어릴 때 공부는 안 하고, 항상 문제만 일으키던 아들 맥아더에게 어머니는 늘 이런 희망을 품게 했다.

"너에게는 군인기질이 있어. 군인이 되면 훌륭한 사람이 될 거야."

어머니의 이 한마디가 아들의 일생을 바꿨다. 그는 미국 웨스트포인트 육군사관학교에 들어갔고, 어머니는 아들이 마음이 약해져 흔들리지 않도록 집중 기도를 했다. 어머니는 육군사관학교 교정이 제일 잘 보이는 호텔에 방을 얻어 망원경까지 가지고 가서 훈련받는 아들을 순간순간 포착하며 기도했다. 어머니의 간절한 기도가 아들을 영웅으로 만든 것이다.

이런 기도의 젖줄을 먹고 자란 더글라스 맥아더는 자기 자녀를 위해 멋진 기도를 드린다. 그 유명한 '아버지의 기도'다.

"나에게 이런 자녀를 주옵소서.

약할 때에 자기를 돌아볼 줄 아는 여유와

두려울 때 자신을 잃지 않는 대담함을 가지게 하옵소서.

정직한 패배에는 부끄러워하지 않고 꿋꿋하며,

승리에 겸손하고 온유한 자녀를 나에게 주시옵소서.

생각해야 할 때에 고집하지 말게 하시고

주를 알고 자신을 아는 것이 지식의 기초임을 아는 자녀를 나에게 허락하시옵소서.

바라옵건대, 그를 평탄하고 안이한 길이 아니라 고난과 도전에 직면하며 분투, 항거할 줄 아는 길로 인도하옵소서.

그리하여 폭풍우 속에서도 용감히 싸울 줄 알고, 패자를 관용할 줄 알도록 가르쳐 주옵소서.

마음이 깨끗하고 목표가 높은 자녀를,

남을 정복하려고 하기 전에 먼저 자신을 다스릴 줄 아는 자녀를,

웃음도 알되 울음도 아는 자녀를,

미래로 나아가되 과거를 잊지 않는 자녀를,

이런 것들을 허락하신 다음

이에 더하여 내 아들에게 유머를 알게 하시고,

생을 엄숙하게 살아감과 동시에 생을 즐길 줄 알게 하옵소서.

자기 자신에 지나치게 집착하지 말게 하옵시고,

겸허한 자세를 갖게 하사 참된 위대성은 소박함에 있음을 알게 하시고

참된 지혜는 열린 마음에 있으며

참된 힘은 온유함에 있음을 항상 명심하도록 하여 주옵소서.

그리하여 그의 아버지 되는 저도,

내 인생을 헛되이 살지 않았노라고 고백할 수 있도록 도와주시옵소서.”

삼손의 아버지 마노아 또한 아들을 위해 하나님께 간구한다. 성경은

이를 매우 실감나게 기록한다.

> 마노아가 하나님께 기도했다. "주님, 우리에게 보내신 하나님의 사람을 다시 보내주셔서, 앞으로 태어날 이 아이를 어떻게 길러야 할지 우리에게 가르쳐 주십시오." (삿 13:8, 메시지 성경)

> 마노아는 그에게, 지난번에 한 그 말이 이루어질 때에 그 아이가 지켜야 할 규칙은 무엇이며, 또 그 아이가 할 일은 무엇이냐고 물었다. (삿 13:12, 새번역)

이 진지한 질문에 하나님은 아주 간단한 지침을 주신다.

> 여호와의 천사가 말했습니다. "너의 아내는 내가 전에 말한 모든 것을 지켜야 한다. 포도나무에서 나는 것은 무엇이든 먹지 말아야 하고, 포도주나 독주를 마셔도 안 된다. 또 부정한 것은 무엇이든지 먹지 말아야 한다. 너의 아내는 내가 명령한 모든 것을 지켜야 한다." (삿 13:13-14, 쉬운성경)

부모의 질문은 '어떻게 가르치고, 어떻게 키우면 좋을까요?'인데, 하나님의 대답은 간단명료하다. "부모인 네가 바로 서라. 부모인 너부터 제대로 살라"다. 자녀가 경건한 신앙인이 되기 원한다면 부모부터 경건하게 살라는 것이다. 부모가 바르게 사는 만큼 자녀가 훌륭한 인재가 된다. 하나님은 언제나 단순한 해법을 제시하신다.

부모의 거룩한 헌신이 복을 부른다

우리에게도 이러한 지침이 필요하다. 그래서 몇 가지를 제안한다. 첫째, 부부 사이가 좋아야 한다. 둘째, 엄마가 행복해야 한다. 셋째, 자녀에 대한 믿음을 가져야 한다. 넷째, 부부가 같은 영성을 가져야 한다.

부부는 한 몸이고 한마음이다. 부부는 모든 것을 함께해야 하는 공동체다. 같은 생각, 같은 마음, 같은 방향, 같은 목적, 특히 같은 영성으로 살아야 한다. 달리 말하자면, 부부는 함께 헌신해야 한다는 이야기다.

성경에 등장하는 믿음의 영웅들은 부부가 같은 영성으로 함께 헌신했다. 아브라함과 사라, 이삭과 리브가, 모세의 부모, 사무엘의 부모, 세례 요한의 부모 등 모두 함께 헌신했다. 삼손의 부모가 그 전형적 모델이다. 삼손의 부모는 인생의 난제를 풀기 위해 함께 기도했다. 부부가 함께 하나님의 음성을 들으며 경건하게 살았다. 특히 아들 삼손이 하나님께 귀하게 쓰임 받도록 예배 중심으로 살며 하나님께 최선을 다해 헌신하며 살았다(13:15-20). 그들은 부부동심, 부부동행, 부부동역 모델을 보여 준다.

하나님은 이와 같은 부모의 거룩한 삶과 헌신을 기뻐하셔서 곧바로 그 가정을 축복하신다. 24절과 25절의 결론이다.

여인이 아들을 낳자, 그들이 그의 이름을 삼손이라고 지었다. 아이가 자랄 때에 하나님께서 그에게 복을 주셨다. 그가 소라와 에스다올 사이에 있는 단 지파의 진에 머물 때에 하나님의 영이 그 안에서 역사하기 시작하셨다.

(메시지 성경)

삼손은 부모의 훌륭한 신앙과 헌신적인 삶 덕분에 성령이 머무는 사람이 되었다. 이처럼 자녀는 부모의 작품이다.

그렇다면 가족과 자녀를 위해 부모 된 우리는 어떤 기도를 드려야 할까?

하나님께 깨끗한 그릇이 되도록 기도합시다

삼손의 부모는 아들이 하나님 앞에 성결한 삶을 살도록, 깨끗한 그릇이 되도록 기도했다. 우리는 자녀의 성결을 위해 기도해야 한다. 행복을 넘어서는 거룩을 위해, 성공을 능가하는 성결을 위해 기도해야 한다 (happy to holy, success to sanctity). 그러면 성령이 함께하시는 인생이 된다. 성령으로 기름 부어 주신다.

요셉, 모세, 다윗, 다니엘 같은 인물들은 모두 성령세례를 받은 실력자였다. 우리 자녀에게도 이런 놀라운 은혜가 임하기를 소망하며, 무엇보다 자녀가 '성령 받은' 실력자가 되도록 기도하기를 권한다.

하나님께 복 받는 그릇이 되도록 기도합시다

하나님은 자식을 우리의 짐이 아니라 힘이 되도록 축복의 선물로 주셨다. 그래서 우리는 틈만 나면 자녀를 안아 주고, 자녀를 향해 축복기도를 해주어야 한다. 특히 아버지가 손을 얹어 기도해 줄수록 좋다. 아버지에게는 제사장적 축복권이 있기 때문이다.

아버지학교 교장인 김성묵 장로님은 이렇게 간증한다.

"어느 날 아버지가 내 머리에 손을 얹고 축복기도를 해준다고 했습니다. 나는 귀찮기만 했죠. 속으로 며칠 저러다 말겠지 하고 생각했어요. 그런데 아버지는 계속해서 내 방문을 두드렸고 내게 축복기도를 해주는 겁니다. 하루는 여전히 거르지 않고 나를 위해 눈물을 흘리며 기도하시는 아버지를 보면서 나는 아버지가 진심으로 자신의 잘못을 뉘우치고 계시며, 나를 사랑하신다는 것을 알았지요. 그러면서 나는 내 삶을 다시 한 번 생각해 보게 되었습니다. 나도 결혼하면 꼭 아버지처럼 자녀를 축복해 주는 아버지가 되고 싶었습니다."

그는 그날의 뜨거운 감격을 지금도 잊을 수 없다고 회상한다. 그래서 그는 대한민국의 훌륭한 아버지학교 사역자로 활약하고 있다.

부모의 기도는 실패하지 않는다. 기도에는 실패가 없다. 응답과 실현의 때만 있을 뿐이다. 이것이 삼손의 인생을 통해서 보여 주시는 희망메시지다.

우리가 잘 아는 대로 삼손은 중간에 탈선의 길로 갔다. 이방 여인 들릴라에게 마음을 뺏겨 거룩하게 살아야 하는 사명을 잊고 세속적으로 살았다. 하지만 그럼에도 불구하고 그의 부모가 드린 기도는 무효가 되지 않았다.

삼손의 인생은 실패로 끝나지 않았고, 후에는 결국 모든 것을 회복했다(16:28-31). 그러니 꼭 기억하자. 부모의 기도는 반드시 열매를 맺는다. 부모의 기도만큼 자녀가 복을 받는다.

민수기 6장 24-26절의 축복기도를 이렇게 응용해 본다.

"여호와께서 나의 사랑하는 가족을 축복하시고, 가족을 지키시기를 원합니다.

여호와께서 그 얼굴을 우리 가족에게 비추시고, 은혜 베푸시기를 원합니다.

여호와께서 그 얼굴을 우리 가족을 향해 드시고, 우리 가족에게 평강 주시기를 원합니다."

1. 나는 자녀를 하나님이 주신 선물로 여기고 있습니까?

2. 자녀의 미래를 위해 기도하고 있습니까?

---

9 부모여,
잘하고 있습니다

출애굽기 2:1-10

2015년 말부터 2016년 1월까지 전 세대를 TV 앞으로 모이게 한 드라마가 있다. tvN에서 방영한 〈응답하라 1988〉이다. 한 골목에 위치한 다섯 가정의 삶을 보여 주는 드라마로, 기성세대들에게는 지난날을 추억하며 향수에 젖게 하고, 어린 세대들에게는 새로운 삶의 풍경을 접하게 하고 더불어 산다는 것의 의미를 가르쳐 주는 드라마였다.

감동적인 장면들이 많았지만, 그중 하나를 꼽자면 명예퇴직을 한 아버지에게 딸이 감사패를 전달하는 장면이다. 26년간 성실하게 다닌 은행에서 갑자기 명예퇴직을 하게 된 아버지를 위로하는 가족의 모습이 무척 아름다웠다.

누구보다도 남편의 수고를 인정하는 아내는 아침식사 자리에서 "아빠, 이제 은행에서 졸업했다"는 표현으로 자녀들에게 아버지의 퇴직을 알린다. 아빠의 퇴직을 '명퇴'나 '잘렸다'가 아닌 '졸업'이라고 표현함으로, 남편의 길고 힘든 시간을 위로하는 아내의 사려 깊은 마음이 더욱 깊은 감동을 준다. 그리고 26년 동안 성실하게 섬긴 직장으로부터 감사패 하나 받지 못한 것에 다소 서운한 마음을 가졌던 아버지에게 자녀들은 감사패를 만들어 준다. 극중 아버지뿐만 아니라 드라마를 보는 모든 이들에게 큰 위로와 기쁨이 되는 장면이었다.

부모의 훌륭한 신앙이 키운 모세

성경 속 인물들을 생각해 보면, 자녀로부터 감사패 내지는 표창장을 받기에 마땅한 부모들이 많다. 모세의 부모도 그들 중 하나가 아닐까 싶다.

모세의 부모, 아므람과 요게벳은 훌륭한 신앙적 배경을 가진 이들이다. 성경은 그들을 이렇게 소개한다.

레위 가문의 한 남자가 레위 가문의 여자와 결혼했다. (출 2:1, 메시지 성경)

참 멋있지 않은가? 그들은 경건한 신앙으로 결혼생활을 시작했다. 그리고 훌륭한 신앙으로 이스라엘 역사상 가장 어렵고 힘든 시대에 큰아들 아론과 딸 미리암, 그리고 모세를 믿음으로 양육하여 명문가를 이루었다.

모세가 태어난 시기는 이집트 제국이 파라오 전성시대를 맞이하면서 이스라엘 민족의 팽창을 억제하는 정책을 시행하던 때였다. 이집트는 이스라엘 민족이 수적으로 번성하지 못하도록 강제노동을 시켰고, 더 나아가 이스라엘 사람이 아들을 낳으면 죽이도록 했다. 어느 누구도 거역할 수 없는 군왕의 절대명령이었다.

바로 이런 위기 상황에서 모세는 태어났다. '아들은 죽이라'는 명령이 있었지만, 모세의 부모는 하나님을 깊이 경외하는 신앙인이었기에 모세를 죽이지 않았다. 담대하고 과감한 믿음으로 모세를 키웠다. 그야말로 대범한 벤처신앙이다.

성경은 이들 부부의 훌륭한 신앙을 자랑스럽게 소개한다. 출애굽기 2장에서는 어머니의 믿음을 강조하고, 사도행전 7장 20절에서는 아버지의 믿음을 부각시킨다. 그리고 히브리서 11장 23절에서는 공평하게 부부의 믿음을 함께 칭찬한다. 한마디로 부모의 훌륭한 신앙이 자녀를 복받게 했다는 메시지다.

여기에 하나님의 놀라운 은혜가 임한다. 하나님은 모세를 간신히 목숨을 건지는 정도로 두시는 것이 아니라, 모세에게 최고의 복을 베푸신다. 모세를 이집트 왕실에서 살게 하시고, 최상의 교육을 받게 하시며,

결국 이스라엘 민족의 지도자로 세우신다. 즉, 부모의 훌륭한 신앙 덕분에 모세는 최상급 인물이 되는 복을 받은 것이다.

성경이 기록하는 그의 프로필을 요약하면 이쯤 될 것이다.

"노예의 자녀가 공주의 아들이 됩니다. 유목민 태생이 왕실에서 삽니다. 우상문화가 만연한 환경에 살면서도 하나님 나라의 선민의식을 가집니다. 이집트에서 실패한 무사가 이스라엘의 성공적인 지도자로 등극합니다. 태생적으로 언변이 부족했던 모세는 하나님과 자유롭게 대면하고 대화하는 거룩한 사람이 됩니다."

그렇다. 하나님은 우리가 믿음으로 과감하게 모험하는 만큼 축복하신다. 부모의 영적 수준만큼 '은혜 위에 은혜' 공식으로 자녀들을 축복하신다.

오늘날 부모 된 우리는 어떻게 살아야 할까? 자녀들로부터 감사패나 기념패를 받을 수 있는 모범적인 부모가 되기 위해서 우리는 어떻게 해야 할까?

믿음으로 삽시다

앞서 언급했듯이 모세의 부모는 과감한 벤처신앙으로 모세를 키웠다. 히브리서 11장에서는 그들을 '믿음의 영웅'으로 소개한다. 한마디로 모세의 부모는 훌륭한 신앙으로 사는 모습을 자녀들에게 보여 준 것이다. 그들이 자녀들에게 보여 준 신앙의 모습은 몇 가지로 표현된다.

첫째, 세상을 두려워하지 않는 믿음이다(히 11:23).

모세의 부모는 모세가 태어났을 때 이집트 왕의 명령을 무서워하거나 두려워하지 않고 그를 살렸다. 이런 부모의 대범한 믿음을 본받아 아들 모세도 이집트 왕의 분노나 보복을 두려워하지 않고 과감하게 출애굽하는 모습을 보여 준다. 믿음으로 두려움을 극복한 신앙이다(27절).

둘째, 세상을 사랑하지 않는 믿음이다(히 11:24).

모세는 부모의 신앙적 가치관의 영향을 받아 바로 왕실의 왕자로 대접받는 것을 거부한다. 더 나아가서 이집트 왕실에서 죄의 쾌락을 즐기기보다 오히려 하나님의 백성과 함께 고난 받는 것을 더 낫게 여긴다. 그야말로 세상을 사랑하지 않는 가치관이다(25-26절). 부모의 고결한 신앙이 자녀를 숭고한 인물이 되게 해준 것이다.

셋째, 세상 저 너머를 바라보는 믿음이다(히 11:26-27).

모세는 부모님의 영성을 전수받아 하나님께 눈을 고정하고, 당장 눈에 보이지 않는 하늘의 상급을 바라보며 꿋꿋하게 살아간다. 모세는 세상의 모든 것을 상대화시킨다. 하늘의 상급과 영광이 더 크다는 것을 믿음으로 터득했기 때문이다. 이것은 모세가 부모로부터 전수받은 믿음의 진면목이다. 모세의 부모는 자녀들에게 세상 앞에서 초연할 수 있는 신앙을 유산으로 물려주었다. 그래서 성경은 부모도 믿음으로 살았고, 자녀도 믿음으로 살았음을 강조한다(히 11:23-24).

헌신하며 삽시다

이 세상에 자녀를 위해 헌신하지 않는 부모가 어디 있겠는가? 자녀가 잘되기를 바라며 부모가 헌신하며 사는 것은 참으로 귀한 일이다. 모세의 부모 역시 모세가 태어났을 때 모든 위험을 무릅쓰고 그를 살려 내기로 결단한다. 목숨을 걸고 헌신한 것이다.

그런데 여기에서 중요한 것은, 헌신 그 자체가 아니라 목숨까지 걸고 헌신하는 이유다. 모세의 부모가 결단하게 된 그 근본이 대단히 신앙적이다. 모세의 부모는 아들에게 하나님의 큰 경륜과 뜻이 있음을 확신했다.

그 아이에게 특별한 것이 있음을 보고, 세 달 동안 아이를 숨겨서 길렀다.

(출 2:2, 메시지 성경)

성경 번역가들은 모세를 다양하게 소개한다(행 7:20; 히 11:23).

'하나님이 보시기에 아름다운 아이, 평범한 아이가 아닌 출중한 아이, 남다른 아이.'

이처럼 모세가 하나님이 보시기에 존귀한 인물이라는 점을 출애굽기 2장, 사도행전 7장, 히브리서 11장에서 세 번씩이나 강조하여 소개한다. 그리고 메시지 성경에서는 '하나님께 특별한 아이'라고 모세를 묘사한다. 모세의 부모도 이것을 알고 있었다. 그래서 자신들의 목숨을 바쳐서 모세를 키우는 일에 헌신한 것이다. 그리고 이 같은 부모의 숭고한 헌신은 모세를 통한 이스라엘의 해방과 구원을 이루었다.

모세에게만 허락된 특별한 일이 아니다. 우리 자녀들도 '하나님께 특별한 인생'이 될 것을 믿자. 하나님이 우리에게 선물로 주신 자녀라면 반드시 하나님의 큰 계획이 있음을 믿자. 그러려면 우선 자녀를 인간적인 눈이 아닌 하나님의 관점으로 보아야 한다.

성경에서 모세를 묘사한 표현 그대로, 우리의 자녀는 모두 '하나님께 특별한 존재'다. 얼마나 소중한 존재면 예수님께서 십자가의 보혈로 구속해 주셨겠는가? 그러므로 자녀의 미래는 하나님의 손에 달려 있다. 주님이 친히 돌보아 주신다.

독일의 문호 괴테는, "우리가 자녀를 사랑하고 칭찬하는 것은 현재 있는 대상을 칭찬하는 것이 아니요, 우리가 기대하는 미래의 대상을 칭찬하는 것이다"라고 말한다. 즉, 하나님께서 자녀의 미래를 아름다운 작품으로 만들어 주실 것을 믿고, 그 미래 모습을 바라보며 축복해 주어야한다. 그리고 언제나 그렇듯 믿음대로 이루어진다.

요즘 대구동신교회를 사도행전적으로 부흥시키고 있는 분이 있다. 바로 권성수 목사님이다. 그의 신앙은 할머니로부터 시작한다. 할머니는 시골에서 농사를 지으셨다. 논 여덟 마지기를 가지고 있었는데, 아들이 신학교에 가겠다고 하자 논 네 마지기를 팔아 학비로 주셨다. 그 돈으로 신학교를 졸업한 아들이, 이번에는 서울에서 교회를 개척하겠다고 하자 두말없이 남아 있던 논 네 마지기를 팔아서 헌금하셨다. 그렇게 세워진 교회가 바로 홍제동 홍신교회다.

이런 할머니의 믿음의 헌신 덕분에 권성수 목사님의 형제 5명은 모두가 놀라운 복을 받았다. 첫째 아들, 권성묵 목사님은 미국 리폼드신학교에서 박사학위를 받고 현재 청암교회에서 목회하고 있고, 둘째 아들, 권성수 목사님은 미국 웨스트민스터신학교에서 박사학위를 받고 총신대학교에서 학생들을 가르치다가 지금은 대구동신교회에서 목회를 하고 있다. 셋째 아들, 권성호 목사님은 미국 리폼드신학교에서 박사학위를 받고 현재 남양주 평내교회에서 목회하고 있으며, 넷째 아들, 권성대 목사님은 아테네대학교에서 박사학위를 받고 현재 안양 늘사랑교회에서 목회하고 있다. 그리고 다섯째 아들, 권성달 목사님은 이스라엘 히브리대학교에서 박사학위를 받고 현재 교수로 생활하고 있다. 할머니 한 분을 통해 온 가문이 거룩한 축복을 누리고 있는 것이다. 부모의 헌신이 가져다준 고귀한 축복이 아닐 수 없다.

이런 예가 교계에만 있는 것이 아니다. 대성그룹을 이룬 창업자 김수근 회장의 부인 김성순 권사님에 관해 그의 아들이 이런 글을 남겼다.

"1960년대 우리나라는 누구라고 할 것 없이 모두 가난했다. 우리 가정도 가난했지만 바르게 교육시키려는 어머니가 계셔서 행복했다. 우리 어머니는 좋은 것이 생기면 가장 먼저 목사님을 생각하고 사택에 보내곤 하셨다. 그리고 돈이 생기면 제일 먼저 십일조헌금을 하시면서 철저하게 신앙생활을 하셨다. 지나고 보니까 우리 가정이 어려운 형편에서 일어날 수 있게 된 것은 하나님 앞에서 헌신된 모습으로 살아가신 부모님 덕분인 듯하다."

이처럼 부모의 헌신이 자녀들을 복 받게 해준다. 그러므로 부모가 믿음으로 살며, 헌신하는 것은 잘하는 일이다. 특히 하나님께 특별한 존재, 예수님의 십자가 보혈은총을 받은 자녀들에게 믿음을 심어 주며, 자녀들을 위해 헌신하는 것은 참으로 잘하는 일이다.

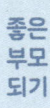

**좋은
부모
되기**

1. 나는 믿음과 헌신을 자녀들에게 보이는 부모입니까?

2. 나는 자녀를 하나님의 관점으로 바라보고 있습니까?

_____

_____

_____

_____

_____

_____

_____

_____

_____

_____

_____

10 가정 : 치유와 안식의 요람

롯기 1:1-22

구약시대 중동 땅 바빌로니아 제국에 고레스라는 왕이 등장한다. 그가 아르메니아 정복 전쟁에서 적장 하나를 포로로 잡았다. 고레스는 적장에게 물었다.

"내가 그대의 가족에게 자유를 준다면 누구를 먼저 내주면 좋겠는가?"

적장은 부모님을 먼저 놓아 달라고 말했다.

"내가 그대의 부모에게 자유를 베푼다면 그대는 나에게 어떻게 하겠는가?"

적장은 자신의 소유의 절반을 주겠다고 답했다. 고레스가 다시 질문을 던졌다.

"당신 식구 중 누구에게 그다음 자유를 줄 것인가?"

적장은 어린 자녀들을 놓아 달라고 했다.

"어린 자녀들에게 자유를 준다면 그대는 나에게 어떻게 하겠는가?"

적장은 재산의 나머지 절반을 주겠다고 답했고, 고레스는 다시 물었다.

"그대와 아내, 두 사람 중 한 사람에게만 자유를 준다면 누구를 택하겠는가?"

적장은 주저함 없이 "아내"라고 답했다.

"그대의 아내를 놓아준다면 나에게 어떻게 보답하겠는가?"

적장은 고레스의 마음을 움직이는 대답을 했다.

"제 남은 인생을 폐하의 노예로 살겠습니다."

그러자 그의 아내가 나서서 왕에게 간곡하게 말했다.

"저는 자유하지 않겠습니다. 저를 이 사람과 함께 폐하를 섬기는 노예로 남게 해주십시오."

고레스는 이 모습을 바라보면서 그들 모두에게 자유를 선사했다.

"그대는 가족의 가치를 알고 있군. 그대의 가족 모두에게 자유를 주겠소."

이 세상에서 가족보다 중요한 것이 어디 있겠는가? 그래서 예전에는 가사작업과 함께 요리나 영양학, 위생학 등을 다루는 '가정학'을 중요하게 여겼는데, 최근에는 가정의 모든 식구들을 통합적으로 돌보는 '가족학'을 중시하고 있다.

일찍이 로마의 유명한 철학자 세네카는 로마 사회가 무너져 가는 데 가장 큰 비중을 차지하는 원인을 가정의 붕괴로 여기며, "로마 시민들이여, 가정으로 돌아가십시오!"라고 외쳤다. 사회의 건강이 가정으로부터 비롯됨을 시사하는 외침이다.

이처럼 가정이 많은 것의 근본이다. 참 행복의 둥지며, 치유와 안식의 요람이다. 한 유대인 랍비는 가정이야말로 안식의 보금자리임을 다음과 같은 말로 표현한다.

"영원한 안식은 천국에 가야만 있다. 그러나 매일의 안식은 가정에 있다."

이것이 룻기의 주제다. 룻기는 여러 가지로 상처 입고 신음하고 있는 가정들에게 미래의 희망을 심어 주는 위로의 메시지다. 오늘의 아픔을 내일의 기쁨으로 바꾸시는 하나님의 섭리를 가정의 모습을 통해 다루고 있다.

룻기 _ 희망의 복음

룻기와 동시대의 작품인 사사기는 하나님을 떠난 이스라엘의 평안 없는 삶을 다루는 반면, 룻기는 하나님만 붙잡고 살아가는 자가 누리는 '안식'을 다룬다. 사사기가 전쟁의 이야기라면, 룻기는 평화의 이야기며, 사사기가 복이 화가 된 사건들을 강조하는 반면, 룻기는 그 어떤 화도 복이 될 수 있다는 희망을 전한다.

룻기의 서론은 세 사람의 장례식으로 출발한다. 하지만 결론은 결혼의 기쁨과 생명 탄생의 축제로 반전된다. 좀 더 자세히 이야기하자면, 1장은 아버지 엘리멜렉과 두 아들, 말론과 기룐, 세 사람의 죽음으로 시작한다. 그러나 마지막 장 4장은 나오미와 룻, 그리고 보아스를 통해 메시아의 조상 다윗 왕의 역사적 출생의 기원을 소개한다. 이처럼 룻기는 가난하게 출발했는데 풍요가 찾아온다. 모든 것을 잃은 불행에서, 모든 것을 더욱 풍족하게 만회하는 행복으로 전환된다. 서글픈 애가로 개막한 내용이 환희의 축가, 환희의 찬가로 마무리된다. 한마디로 역전의 짜릿함을 선사한다. 그런데 이 모든 것이 가정을 중심으로 이루어진다.

그런 점에서 룻기의 주제는 가족 상처의 치유와 회복이라고 할 수 있다. 안식을 잃어버린 가정이 모든 상처와 아픔을 치유 받고 안식을 회복하는 모습이 마치 풍경화처럼 눈앞에 펼쳐지기 때문이다.

특히 룻기에 등장하는 보아스는 예수님을 예표한다. 우리 가정에 예수님이 들어오시면 지난날의 그 어떤 상처와 아픔도 다 치유 받고 안식을 누릴 수 있음을 생생하게 보여 주는 것이다. 약 3천 년 작품인 룻기가 더욱 매력적인 것은 주인공이 세 명이라는 점에 있다. 세 명 모두가 자신의 역할을 감당하며 어느 한 사람도 소외됨 없이 다 행복한 결론에 이른다. 세 사람 모두가 행복한 가정을 이룬 주역들이다. 이러한 모습을 통해 가족 모두가 다 행복할 수 있다는 희망의 복음이라고도 할 수 있다.

그렇다면 오늘날 우리의 가정은 어떻게 하면 룻기의 주인공들이 이룬 가정처럼 참된 행복의 보금자리가 될 수 있을까? 어떻게 치유와 안식의 요람이 될 수 있을까?

힘들수록 하나님을 가까이하며 살아야 한다

룻기는 사사시대를 배경으로 하는 이야기다. 하나님의 땅 베들레헴에 살고 있던 한 가정이 경제적인 이유로 하나님을 떠나 이방 땅 모압으로 내려간다. 그런데 이것은 옳은 결정이 아니었다. 가장 한 사람의 잘못된 결정이 온 가족을 불행으로 몰고 간 것이다. 엘리멜렉이라는 이름은

'하나님은 왕이시다'라는 뜻인데, 그는 하나님을 왕으로 모시기보다 자기가 인생의 주인이 되어 살았다. 그래서 그 가정은 하나님을 멀리 떠나 살다가 고생을 했고, 결국 아버지와 두 아들이 요절하는 불행을 맞았다.

이런 처절한 불행 속에서 엘리멜렉의 아내 나오미는 위대한 결단을 내린다. 인생의 어떤 험한 소용돌이에서도 하나님을 가까이하며 살기로 결심한 것이다. 룻기 1장은 이것을 매우 절묘하게 묘사한다. '떠나다'라는 단어와 함께 '돌아오다'는 단어를 사용해 대칭적 구조를 이룬다(1-11; 14-19; 22).

나오미가 이처럼 신앙을 회복하고 하나님의 품으로 돌아와 살기로 결단하자 하나님은 곧바로 풍성한 복을 안겨 주신다. 1장은 구조도 멋지지만, 더욱 매력적인 것은 가난으로 시작한 나오미가 풍성함을 회복하는 것으로 막을 내린다는 사실이다.

이렇게 하여 나오미는, 이방인 룻과 함께 모압 땅에서 돌아왔다. 그들이 베들레헴에 도착한 때는 보리 추수가 시작될 무렵이었다. (룻 1:22, 메시지 성경)

영국의 설교가 찰스 스펄전 목사는 말한다.
"가난과 어려움 속에서도 하나님께 나아와 도움을 호소하는 자에게 하나님은 축복의 창고 문을 활짝 열어 주신다."

구약시대 인물 중 한글로 번역된 이름이 비슷한 두 사람이 있다. 롯과 룻이다. 롯은 하나님과 멀어지는 삶을 살았고, 룻은 하나님과 가까워지는 삶을 살았다. 결과적으로 롯은 모든 것을 잃었고, 룻은 모든 것을 얻었다. 하나님은 돌아오는 자에게 복을 주신다. 하나님과 멀어지느냐, 하나님과 가까워지느냐는 우리의 선택이다.

힘들수록 서로 축복하며 살아야 한다

앞서 언급했듯이 룻기는 가난과 죽음이라는 불행으로 시작한다. 그리고 이러한 불행의 원인은 남편의 잘못된 선택에 있었다. 그런데도 나오미는 원망이나 공격으로 인생을 비관하지 않는다. 오히려 그녀는 더욱 축복하시는 하나님을 바라보며 긍정적인 해법을 찾아 나선다. 그것은 곧 서로 축복하며 살아가는 것이었다.

살다 보면 누구나 힘든 상황을 만난다. 이때 집 떠나 남편과 두 아들을 모두 잃은 나오미가 어떤 자세로 어려움과 마주했는지를 떠올리자. 누군가를 탓하고 공격할 힘이 있다면, 그 기운으로 서로를 축복해야 한다. 힘들수록 서로를 공격하지 말고, 가족으로서 서로를 존중하고 축복할 때 긍정적인 힘이 형성된다.

미국 교회의 훌륭한 영적 지도자 고든 맥도날드(G. MacDonald)는 《영적 성장의 길》이라는 책에서 이렇게 말한다.

"더 나은 대답을 갖고 있는 자가 더 나은 사람이다."

나오미가 바로 그런 사람이었다. 나오미는 더 나은 신앙인답게 남편을 잃은 두 며느리를 하나님께서 너그럽게 대해 주시기를 축복한다. 하나님의 회복 은총으로 젊은 두 며느리의 앞날이 행복하기를 축복한다.

> "너희는 제각기 친정으로 돌아가거라. 너희가, 죽은 너희의 남편들과 나를 한결같이 사랑하여 주었으니, 주님께서도 너희에게 그렇게 해주시기를 빈다. 너희가 각각 새 남편을 만나 행복한 가정을 이루도록, 주님께서 돌보아 주시기를 바란다." (룻 1:8-9, 새번역)

룻기는 전체적으로 축복의 메시지가 많다. 유대인 보아스도 이방 여인 룻에게 그녀가 고생한 만큼 하나님께서 갚아 주시기를 축복한다. 이처럼 룻기는 "하나님께서 복 주시기를 빈다"는 표현으로 가득 차 있다 (2:4; 10-13; 19-20; 3:1, 10; 4:11-15). 4장 분량의 짧은 내용임에도 불구하고 축복하시는 하나님을 18번이나 부각시킨다.

이것이 룻기의 매력이다. 사사기는 한 나라를 돌보시는 하나님을 소개하는 반면, 룻기는 한 개인, 한 가정을 돌보시는 하나님을 강조한다.

빈손을 넘치는 손으로 회복시키시고, 무력한 인생을 능력의 인생으로 역전시키시는 하나님을 드러낸다. 그리고 그 하나님을 닮은 축복의 사람들이 주인공으로 등장한다. 나오미도, 보아스도 축복의 사람이었다. 여기에서 한 가지 더 흥미로운 것은 예수님의 말씀처럼 그 축복이 그대로 본인에게 돌아왔다는 점이다.

힘들수록 서로 사랑하며 살아야 한다

룻기는 사랑 이야기다. 시어머니와 며느리의 사랑, 보아스라는 남자와 룻이라는 여인의 사랑, 그리고 궁극적으로는 하나님의 사랑 이야기다. 그래서 룻기는 '사랑의 고백'으로 가득하다(1:11-13; 2:20, 22; 3:1, 10-11, 16, 18; 4:15).

특히 4장 15절은 룻이 보아스와 결혼한 후에도 나오미를 얼마나 진심으로 사랑하는지를 잘 보여 준다.

시어머니를 사랑하는 며느리, 아들 일곱보다도 더 나은 며느리가 아기를 낳아 주었으니, 그 아기가 그대에게 생기를 되찾아 줄 것이며, 늘그막에 그대를 돌보아 줄 것입니다. (룻 4:15, 새번역)

룻은 온 동네 사람들이 인정할 만큼 진정으로 나오미를 사랑하며 지극정성으로 모신 것이다. 또 나오미 역시 룻을 변함없이 사랑하는 모습을 감지할 수 있다(4:16).

남편 보아스 역시 아내로 맞이한 룻을 뜨겁게 사랑하며, 나오미를 마치 장모님을 대하듯 자기 집에 모시고 산다. 고독할 수 있는 나오미를 보아스와 룻이 모시고 돌보는 것이다. 부부가 서로 진심으로 아끼고 사랑하는 가정이었기에 가정에는 행복이 넘쳤고, 가족들은 그 안에서 안식을 누릴 수 있었다.

한자로 '孝'라는 글자는 젊은 자녀(子)가 노인(老)을 업고 있는 상태를 묘사하고 있다. 이것이 효의 기본이다. 그런데 효는 말이나 글로 가르친다고 습득되는 것이 아니다. 부모가 효를 실천하는 모습을 보고 자란 자녀들이 경험을 통해 익히게 되는 것이다. 결국 내가 부모를 공경하면 내 자녀도 나를 공경하게 된다. 사랑은 그렇게 이어진다.

아무리 힘든 상황이라고 해도 사랑하는 것을 놓치지 말자. 사랑하는 만큼 기적이 일어난다. 사랑의 잠재력은 매우 위대하다.

세계 최초이자 최대 온라인 경매 회사인 미국 이베이는 약혼자가 갖고 싶어 하는 기호용품을 구해 주려는 마음으로 고민하다가 창안된 것이다(Pierre Omidyar). 또 어린이 놀이프로그램인 텔레토비는 손자를 사랑하는 할아버지가 고안한 작품이고, 전 세계인들이 애용하는 밴드 반창

고는 자주 손을 베는 아내를 안쓰럽게 여긴 남편이 만든 작품이다(Earle Dickson).

어떠한 상황에서도 가정 안에 사랑이 넘치기를 바란다. 남편이 아내를 따뜻하게 포용하며 "고마워, 사랑해"라고 한마디만 해주어도 아내는 세상을 들 수 있을 만큼 에너지를 충전받는다. 사랑의 표현이 이렇게나 중요하다.

미국의 남성운동가 에드윈 루이스 콜(Edwin Louis Cole) 박사는 이런 제안을 한다.

"한 아버지가 자녀를 위해 할 수 있는 가장 큰 일은 그들의 어머니, 곧 자기 아내를 사랑하는 것이다."

그런데 룻기의 사랑 이야기는 여기에서 그치지 않는다. 결국 궁극적으로 드러내고자 하는 것은 하나님의 사랑이다. 룻기의 핵심단어는 '헤세드'로, 하나님의 돌보시는 사랑을 말한다(1:8). 예수님을 예표하는 인물, 보아스가 결혼할 자격이 없는 이방 여인 룻을 사랑하여 결혼하는 모습을 통해 자격 없는 우리를 넘치는 사랑으로 보듬으시는 예수님을 드러낸다.

예수님을 통해서만 가정이 치유 받고, 안식을 누리며, 축복 속에 살아갈 수 있다. 가족 간의 사랑이 아무리 크고 넘친다 해도 그 중심에 하나님 사랑이 없으면, 그 가정은 온전한 안식처가 될 수 없다. 참된 치유와 안식을 누리는 가정을 이루고 싶다면 방법은 한 가지뿐이다. 예수님의 손을 붙잡는 것이다. 예수님의 손을 붙잡을 때, 아무리 어둡고 긴 터널 속이라고 해도 예수님이 빛을 비춰 주신다.

　살다 보면 힘들고 어려운 순간을 만난다. 뜻하지 않은 일로 넘어질 수도 있다. 그럴 때일수록 주님 손을 더욱 굳게 붙잡아야 한다. 변치 않는 주님의 사랑에 기대야 한다. 어렵고 힘들다고 해서 하나님과 멀어지지 말자. 고난을 이기는 힘은 하나님을 가까이하는 것이다. 하나님을 가까이할 때, 하나님께서 헤세드의 은혜를 가정에 베풀어 주실 것이다.

1. 내 가정은 치유와 안식의 자리입니까?

2. 내가 바라는 이상적인 가정이 되기 위해 가장 노력해야 하는 것은
   무엇입니까?

11 더 나은
반쪽이 됩시다

창세기 2:18, 24

　최근 결혼 연령이 늦어지고 있다. 대부분의 젊은 사람들이 결혼을 경제적 관점으로 해석하기 때문이라고 한다. '결혼비용 증가, 늦은 취업, 결혼을 당연시하는 인식의 약화' 등에 따른 결과라고 할 수 있다. 결혼을 인생의 필수 과정으로 생각하기보다 경제적 여건에 따른 선택사항으로 여기는 것이다. 좀 더 솔직하게 이야기하자면 결혼을 짐으로 여기기 때문이다. 기성세대라고 결혼이 가볍기만 했던 것은 아니다. 하지만 그들은 힘든 여건에서도 결혼해 두 사람이 함께 고생하며 숙제를 풀어 나가는 것을 선택했다.

　이처럼 결혼은 줄고 있는 반면, 이혼은 급증하고 있다. 신혼부부 3쌍이 헤어질 때 중년부부는 4쌍이 헤어진다고 한다. 거기다가 일본의 영향을 받아 '졸혼'(卒婚)까지 유행하고 있는 실정이다. 졸혼은 결혼관계는 유지하되 결혼생활은 끝내는 것이다. 즉, 법적 구속력은 그대로 두되, 각자 따로 살면서 자신만의 삶을 즐기는 것이다. 하지만 이것은 별거나 이혼을 다른 이름으로 가장한 것에 지나지 않는다.

그런데 중년이 지나 이혼하는, 소위 황혼이혼에서는 특이한 점이 있다. 신청자의 90%가 여자라는 사실이다. 그동안 눌려 살아온 여성들이 말년에 자신의 인생을 찾겠다고 과감한 결단을 내리는 것이다.

한국 여성들에게는 두 가지 콤플렉스가 있다. '평강공주 콤플렉스'와 '신사임당 콤플렉스'다. 바보 온달을 뒷바라지해서 훌륭한 인물로 만든 평강공주나 어려운 환경에서도 자녀들을 재상으로 키워 낸 신사임당 같은 훌륭한 아내와 어머니가 되어야 한다는 열망과 압박감이다. 바로 이런 콤플렉스에 오랜 시간 시달려 살다가 독립을 선언하는 것이, 곧 황혼이혼이고 졸혼이다.

그런데 우리가 분명히 알아야 할 사항이 있다. 결혼은 사람의 작품이 아닌 하나님의 작품이라는 사실이다. 남녀가 만나 서로의 사랑을 확인하고 평생의 동반자로 살기로 결정한 것이지만, 결혼은 두 사람에 의해서가 아닌 'Made in Heaven'이다. 그래서 예수님은 "결혼은 하나님이 짝지어 주신 것"(막 10:9)이라고 선언하신다.

창세기에는 첫 가정에 대한 하나님의 일하심이 잘 드러난다.

사람이 혼자 사는 것이 좋지 아니하니 내가 그를 위하여 돕는 배필을 지으리라 (창 2:18, 개역개정)

그러므로 남자가 자기 아버지와 어머니를 떠나 그 아내와 결합해 한 몸을 이루게 되는 것입니다. (창 2:24, 우리말성경)

하나님이 설계하신 결혼의 기본구조는 서로에게 '적합한 짝'이 되는 것이다. 여기에서 중요한 것은 나에게 적합한 짝을 구하기보다 내가 상대에게 적합한 짝이 되어야 한다는 점이다. 그래서 '적합한 짝'(suitable helper), '맞는 짝'(a companion who corresponds to him)을 의미하는 '배필'이라는 단어를 사용한다.

하나님은 남녀 각자에게 서로 적합한 파트너를 이어 결혼을 성사시켜 주신다. 기질과 성향을 보면 서로 정반대인데, 그 정반대인 성향이 마치 퍼즐이 끼워지듯 서로에게 적합한 것이 되어 조화를 이루게 되는 경우가 바로 그것이다.

이런 측면에서 내 배우자는 하나님이 내게 이어 주신, 나에게 적합한 짝, 맞는 짝이다. 따라서 남편과 아내는 서로 '더 나은 반쪽'이 되기 위해 노력해야 하고, 서로를 자신보다 나은 배필로 여겨야 한다.

그렇다면 어떻게 해야 서로가 더 나은 반쪽이 될 수 있을까?

연합하여 하나 됩시다

결혼은 남녀가 연합하는 것이고, 하나 되는 것이다. 몸과 마음이 완전하게 하나 되는 것이다.

본문 24절에서는 둘이 '한 몸'을 이루라고 말한다. 여기서 말하는 '한 몸'은 완전한 결합을 뜻한다. 영어로 'unit'인데, 우리말 표현으로 하자면 '찰떡궁합을 이루라' 정도일 것이다.

그런데 '돕는 배필'이라는 표현을 잘못 해석하면 안 된다. '배필'로 번역된 단어의 영어 표현은 'helper'인데, 이 말은 보조 선수나 후보 선수 정도의 개념이 아니다. 히브리어 '에쩨르'를 번역한 것으로, 이 단어는 본래 하나님이 인간을 도우실 때 쓰는 단어다. 즉, 힘과 능력이 있는 자가 힘이 없는 자를 도와준다는 뜻이다. 결국 배필이라는 개념은 나보다 힘 있는 조력자를 의미한다.

따라서 부부가 서로에게 돕는 배필이라는 것은 서로에게 힘이 되어 줄 뿐만 아니라 서로의 부족함과 필요를 채워 주는 존재라는 의미다. 물론 사람 사이의 차이는 당연히 존재한다. 부부라고 해서 모든 것이 일치하지는 않는다. 성격이 다르고, 성장배경이 다르고, 취향이 다른 두 사람이 만났기 때문이다. 하지만 이 차이는 틀리거나 잘못된 것이 아니라 그저 다른 것이다. 중요한 것은 다름을 틀림으로 여기지 말고, 진정한 소통으로 하나 됨을 향해 나아가는 자세다. 이때 끝까지 놓치지 말아야 할 것은 상대를 더 나은 반쪽으로 여기는 마음이다. 부부는 서로에게 짐이 아니라 힘이 되어야 하고, 서로 의지하는 대상이 되어야 함을 잊어서는 안 된다.

그래서 필요한 것이, 앞에서도 언급한 것처럼 보완과 채움이다. 22절과 23절에는 남자(이쉬)와 여자(이쉬)는 서로 보완하며 살아야 함을 언급한다. 음악에서 테너와 베이스, 알토와 소프라노가 절묘한 화음을 이루며 아름다운 하모니를 이루듯이 남편과 아내가 서로 연합하여 이상적인 하나 됨을 이루라는 것이다.

부부란 한글의 자음과 모음이라 할 수 있다. 글자를 이루는 자음과 모음이 각각 떨어져 있으면 의미 없는 나열이 되지만, 제자리에서 잘 합쳐지면 멋진 단어와 문장을 이루듯이 부부는 연합할수록 행복을 창조하며 살아가게 된다.

에베소서 5장에서는 예수 그리스도와 교회가 하나이듯 남편과 아내도 사랑으로 하나 되어야 함을 당부한다. 즉, 한 몸을 이루라는 것은 온전한 사랑으로 하나가 되라는 것이다. 그래서 부부 행복의 기본은 '친밀감'(Intimacy)이다. 부부는 가장 가까운 친구로 살아야 한다.

성경은 이 원리를 강조한다. 결혼은 부모를 떠나고, 배우자와 합치는 것이다. 떠남과 합함이다. 완전한 연합이 결혼의 근본이다.

그러므로 남자가 자기 아버지와 어머니를 떠나 그 아내와 결합해 한 몸을 이루게 되는 것입니다. (창 2:24, 우리말성경)

통계적으로도 친밀한 부부일수록 수명이 길다고 한다. 우리 부부의 친밀도는 어느 정도인가? 과연 부부의 친밀도는 무엇으로 가늠할 수 있을까?

부부가 친밀하다는 것은 서로의 상태를 민첩하게 감지하고 공감하며, 필요를 채워 주는 능력이 높은 것을 뜻한다. 그런데 안타깝게도 한국 남자의 80% 이상이 배우자와 친밀하게 지내지 못한다. 애정이 없어서가 아니라 아내와 친밀하게 지내는 기술이 부족한 탓이다. 친하게 지내는 방법도 훈련해야 한다.

결혼생활이 행복하려면 4가지 L을 잘하라는 말이 있다. 'Love, Like, Listen, Laugh'다. 서로를 사랑하고, 같은 취미를 갖고, 서로의 말에 귀를 기울이고, 잘 웃으라는 이야기다. 우리 부부는 이 네 가지 L을 얼마나 잘하고 있는가?

C. S. 루이스는 철학과 영문학을 가르치는 교수였고, 이혼을 격렬하게 반대하는 입장을 고수하며 50세 후반까지 독신으로 살았다. 그런 그가 어느 날 갑자기 결혼을 하게 된다. 배우자는 술주정뱅이 남편으로부터 이혼을 당한 후 영국으로 유학을 온 헬렌 조이(Helen Joy)라는 미국 여

성이었다. 그녀는 원래 철저한 공산주의자였는데, C. S. 루이스를 통해 예수님을 믿고 거듭나게 됐다.

사실 이 결혼은 성사되기까지 장애가 많았다. 좌파이력 때문에 그녀는 영국에서 추방되는 위기를 맞았고, 설상가상으로 골수암까지 걸렸다. 암세포가 대퇴골까지 퍼진 심각한 상태로, 여러 번 수술을 받았으나 살아날 가망이 없는 상태였다. C. S. 루이스는 죽어가는 그 여인과 함께 하려고 이혼녀와의 결혼을 허용해 주지 않는 영국 국교회를 설득시켜 정식결혼을 하기에 이른다. 그리고 그녀가 죽는 날까지 그녀 곁을 지키며 그녀를 사랑으로 돌본다. 순수한 사랑으로 하나 됨을 이루어 나간 것이다.

C. S. 루이스는 암으로 죽어가는 아내를 이렇게 위로해 주었다.

"나의 딸이며 나의 어머니, 나의 제자이며 나의 교사, 나의 신하이며 주권자… 나의 믿을 수 있는 동지, 친구, 동료, 전우, 나의 사랑하는 여인이자 동시에 어떤 남자친구 못지않은 동반자."

참 고결한 사랑이 아닌가? 이처럼 부부는 끈끈한 사랑으로 친구가 되는 것이며, 연합하여 하나가 되는 것이다.

서로 존중하여 세워 줍시다

결혼생활의 행복은 상대를 정복하는 데 있지 않고, 상호존중에서 온다. 훌륭한 가정상담자 라이트(N. Wright)는 결혼을 이렇게 정의한다.

"결혼이란 두 사람이 경주해서 둘 다 이길 수 있는 유일한 경주다."

얼마나 멋진 말인가? 부부는 패권을 두고 다투는 경쟁자가 아니다. 서열을 따져 높고 낮음을 확인해야 하는 관계도 아니고, 이기느냐 지냐의 시소게임을 하는 관계도 아니다. 결혼은 부부가 공동 승리자로 함께 살아가는 것이다. 그래서 서로에게 더 나은 반쪽이 되라는 것이다. 부부는 서로를 세워 주고, 정복이 아닌 존중으로 마주해야 하는 사랑의 관계다.

모든 일에 지나치게 함께하려는 공주형 아내라든가, 하나부터 열까지 세세하게 챙겨 주기를 바라는 마마보이형 남편일수록 적당한 독립선언이 필요하다. 지나친 애착과 밀착은 서로에게 힘이 되기보다는 짐이 되기 때문이다. 따라서 행복한 결혼생활을 위해서는 적절한 간격을 잘 유지하는 것이 매우 중요하다. 어느 정도의 거리를 유지할 때 서로를 그리워하게 되고, 더욱 친밀해진다.

그런 점에서, 부부는 함께 있기와 혼자 있기의 균형을 이루어야 한다. 애착이라는 미명하에 지나친 밀착으로 서로의 삶에 틈을 허용하지 않는 것은 위험하다. 애착이란 자녀가 어렸을 때 부모에게서 떨어지지 않으려는 의존성을 말한다. 부부 사이에도 이런 성인아이 현상이 있다. 서로에게 자유를 주기보다는 억압하면서 그것을 사랑이나 관심이라고 착각하는 것이다. 하지만 이것은 건강한 부부관계를 방해하는 요소다. 이것이 지나치면, 곧 의부증이나 의처증으로 변질된다. 애정과 집착은 다르다. 집착은 애정을 파괴한다. 애정과 집착의 구분 점 중 하나가 바로 적당한 거리다. 적당한 거리가 있어야 애정이 자랄 수 있다.

부부가 시간과 공간을 공유해야 하는 것은 맞지만, 그 가운데 서로에게 자유도 주어야 한다. 남편이나 아내는 어느 한쪽의 소유가 되어서는 결코 안 되기 때문이다.

한국 부부는 서로에 대한 의존도가 지나치게 높다고 한다. 어디든 같이 가야 하고, 붙어 있어야 만족감을 느끼고 안심하는 것이다. 그런데 이러한 지나친 의존도 때문에 야기되는 문제가 있다. 바로 사별 후 우울증이다. 사별 자체가 충격이기도 하고, 무엇보다 늘 붙어 있었기 때문에 혼자됨과 외로움을 건강하게 극복하지 못하는 것이다.

유대인 랍비는 부부 사이에도 적당한 거리와 간격유지가 필요함을 이렇게 피력한다.

"부부란 성전의 두 기둥처럼 위로 연결되어 있으면서도 서로가 독립적으로 서야 한다."

금실이 좋다는 평계로 지나치게 붙어 있으면 서로 힘들다. 뜻하지 않은 문제가 발생한다.

한근태 선생님의 책, 《고수의 일침》에는 독일에서 있었던 에피소드가 소개된다. 경기가 어려워지면서 독일의 모 자동차 회사는 구조조정 대신 휴일 수를 늘렸다. 일주일에 4일만 일하고 3일은 쉬게 했다. 그리고 직원들이 가족과 보내는 시간이 늘었으니, 그들의 가정이 화목해질 것이라 기대했다. 그런데 휴일이 늘면서 오히려 그 동네의 이혼율이 급증하기 시작했다. 부부가 같이 있는 시간이 길어지면서 갈등이 커진 것이다.

20세기 예술가요 시인이었던 칼릴 지브란의 '함께 있되 거리를 두라'는 시가 참 좋다.

함께 있되 거리를 두라
그래서 하늘 바람이 너희 사이에서 춤추게 하라

서로 사랑하라
그러나 사랑으로 구속하지는 말라
그보다 너희 영혼과 영혼의 두 언덕 사이에 출렁이는 바다를 놓아두라

서로의 잔을 채워주되 한쪽의 잔만을 마시지 말라

서로의 빵을 주되 한쪽의 빵만을 먹지 말라

함께 노래하고 춤추며 즐거워하되 서로는 혼자 있게 하라

마치 현악기의 줄들이 하나의 음악을 울릴지라도 줄은 서로 혼자이듯이

서로 가슴을 주라

그러나 서로의 가슴속에 묶어 두지는 말라

오직 큰 생명의 손길만이 너희의 가슴을 간직할 수 있다

함께 서 있으라

그러나 너무 가까이 서 있지는 말라

사원의 기둥들도 서로 떨어져 있고

참나무와 삼나무는 서로의 그늘 속에선 자랄 수 없다

이처럼 우리는 적당한 간격 안에서 서로를 사랑하고 위로하며 존중하고 세워 주는 자로 살아가야 한다.

청년사역을 할 때 미국에서 온 OMF 소속 R. Orr 선교사와 동역했는데, 그가 결혼에 관해 매우 이상적인 설명을 해주었다.

"결혼은 남자와 여자가 예수님의 양손을 붙잡고 걸어가는 여행이다."

나는 그것에 더하여 부부가 서로 세워 주는 결혼의 본질을 이렇게 도식으로 표현하고 싶다.

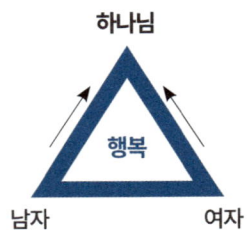

부부가 함께 성숙하려면 하나님과 점점 더 가까워져야 한다. 무엇보다 영적으로 성숙하도록 서로를 세워 가야 한다. 부부가 서로를 세우고, 그로 인해 행복한 가정을 이루기 위해서는 4C를 바르게 인식하고 4C를 위해 최선을 다해야 한다.

1) Communication(대화)

2) Consideration(배려)

3) Commitment(헌신)

4) Christ(예수 그리스도)

예수님의 십자가 사랑으로 연합하여 하나 됨을 이루며 살아갈 수 있기를 바란다. 그리고 서로 존중하며 세워 주는 행복 파트너가 되기를 바란다. 혼자만의 행복이 아닌, 함께 누리는 행복을 이루어 가는 더 나은 반쪽이 되기를 결단하자.

1. 나의 결혼이 하나님의 작품임을 믿습니까?

2. '돕는 배필'이 되기 위해 삶에서 구체적으로 노력하는 부분이 있
　습니까?

_____

_____

_____

_____

_____

_____

_____

_____

_____

_____

12 감사한 추억을
  남기며 살기

창세기 41:50-52

　나는 어른들과 가까이 지내는 데 별 어려움을 느끼지 않는다. 어른들을 대할 때 예의는 갖추지만, 어른들에 대해 두려움은 갖지 않는다. 생각해 보니 이것이 다 아버지 덕분이다. 아버지는 내가 어렸을 때부터 어른들 모임에 나를 데리고 다니시며 자랑스럽게 소개하셨고, 아버지와의 동행으로 나는 어려서부터 어른들과 쉽게 친해질 수 있었다. 아버지가 내게 남겨 주신 복된 추억이다.

　우리 시대의 인간승리자라고 할 수 있는 강영우 박사는 많은 이들에게 아름다운 추억을 남겨 주었다. 그는 췌장암으로 생을 마감하기 전에 사랑하는 아내와 자녀들, 그리고 수많은 지인에게 감사의 편지를 남겼다. 편지에는 누가 읽어도 가슴이 뭉클해지는 감사의 마음이 빼곡히 담겨 있다.

아들아, 너희와 함께한 추억이 내 마음속에 가득하기에 난 이렇게 행복한 마
지막을 맞이할 수가 있단다. … 50년 전에 만난 여대생 누나, 당돌한 여대생
이던 당신은 하나님이 내게 보내신 날개 없는 천사였습니다. 이 순간 나의 가
슴을 가득 채우는 것은 당신을 향한 감사함과 미안함입니다.

하나님의 축복으로 나는 참으로 복되고 감사한 한평생을 살아왔습니다. 여
보, 아직도 봄날의 반짝이는 햇살보다 눈부시게 빛나고 있는 당신을 가슴 한
가득 품고 내가 먼저 떠납니다. 더 오래 함께해 주지 못해 미안합니다. 나의
어둠을 밝혀 주는 촛불, 사랑합니다. 사랑합니다. 사랑합니다. 그리고 고마
웠습니다. 즐거운 성탄과 2012년 복된 새해를 맞이하기를 기원합니다.

(2011년 12월 16일 강영우 드림)

그는 마지막 생일 케이크의 촛불을 끄면서 더 소원을 빌지 않았다. 그
대신 감사기도를 드렸다. 가족들에게 감사한 추억만 남기고 싶었기 때
문이다. 얼마나 아름답고 고결한 추억 남기기인가?

탁월함의 비결

하나님은 이스라엘 백성이 감사하며 살아가도록 절기 감사훈련을 시키셨다. 달리 말하면, 감사생활을 제도화하신 것이다. 이스라엘 민족은 조상 대대로 내려온 전통에 따라 지금도 절기마다 성대한 감사를 드린다.

나는 목사로서 감사절 때마다 설교에 대해 고민한다. 감사절 설교의 목적을 단순히 '헌금을 많이 내게 하는 것'에 두어서는 안 되기 때문이다. 감사헌금의 분량은 각자의 신앙고백에 따라야 한다. 감사는 각각 자신이 받을 수 있는 축복의 분량을 스스로 결정하는 것이다. 그러나 분명한 것은, 감사는 펌프로 물을 끌어 올리기 전 펌프에 붓는 마중물과 같다는 사실이다. 감사의 물 한 바가지가 넘치는 축복을 창출한다.

황성주 박사의 《절대 감사》라는 책에 재미있는 실화가 소개된다. 미국 이민교회를 섬기는 어느 집사님의 딸이 미국 전체 고등학생 대상의 토론대회에서 우승을 했다. 그래서 아이비리그로부터 전액 장학금 입학 제안을 받았다. 그녀가 이처럼 탁월한 실력을 갖출 수 있었던 비결은 무엇일까? 책에서는 '하루 다섯 감사'의 실천을 그 비결 중 하나로 든다. 그녀의 감사지침이 매우 감동적이다.

"좋은 일에 '축제' 감사, 나쁜 일에 '초월' 감사, 작은 일에 '확대' 감사,

실패도 성공의 재료가 되니 '오뚝이' 감사, 평범한 일도 서로 이어져 있
으니 '연결' 감사."

나이 어린 고등학생이 생활 속에서 전천후 감사를 실천한 것이다.

감사는 생활이 되어야 한다

감사생활, 이것이 본문의 메시지다. 구약시대의 훌륭한 인물 요셉은
자녀들에게 감사하는 신앙으로 사는 추억을 남겨 준다. 그는 이집트 제
국에 7년 흉년이라는 큰 재난이 오기 전에 두 아들을 낳았다. 그리고 두
아들의 이름을 각각 므낫세와 에브라임으로 짓는다. 므낫세는 '잊어버
리다'(forget)는 뜻이고, 에브라임은 '두 배로 풍성하다'(twice, double fruitful)는
뜻이다.

요셉은 첫째 아들의 이름을 '므낫세'로 지으면서, 과거의 모든 아픔과
고생을 잊게 해주신 하나님의 은혜에 감사하며 살자는 다짐을 남긴다.
그리고 둘째 아들의 이름은 '에브라임'이라고 지어 하나님께서 더 나은
미래로 축복하시리라는 기대를 품는다. 므낫세가 과거 치유라면, 에브
라임은 미래 축복이다. 아버지 요셉은 자녀들에게 하나님의 보상은총에
대한 감사신앙을 심어 준 것이다.

이것은 오늘 우리에게 큰 교훈을 준다. 부모 된 우리는 자녀에게 무엇을 심어 주고 있는가? 우리가 자녀에게 남겨야 할 것은 무엇인가?

아프리카 밀림의 성자 앨버트 슈바이처의 인생은, 감사 그 자체였다. 이것은 그의 아버지 루트비히 슈바이처가 만들어 준 유전인자 덕분이다. 아버지는 그에게 누군가로부터 선물을 받으면 반드시 감사편지를 쓰게 했고, 항상 감사하는 삶을 살도록 가르쳤다.

지난 5월 미국 뉴욕 주의 스키드모어대학 졸업식에서 오프라 윈프리가 축사를 했다. 그녀의 축사는 신앙 간증에 가까웠고, 졸업식에 참석한 모든 사람에게 잔잔한 감동을 주었다. 핵심은 이 한마디다. "모든 상황에서 감사했더니 모든 것을 얻을 수 있었다."

모든 상황에서의 감사는, 우리를 향하신 하나님의 뜻이다.

무슨 일에든지 하나님께 감사하십시오. 이것이야말로 하나님께서 그리스도 예수 안에 있는 여러분에게 바라시는 생활방식입니다. (살전 5:18, 메시지 성경)

여기 아주 중요한 표현이 나타난다. 감사가 '생활방식이 되어야 한다'는 표현이다. 나의 생활방식은 어떤가? 하루에 몇 번 정도 감사를 표현하고 있는가? 1년에 몇 번 정도 하나님께 감사헌금을 드리는가?

강준민 목사님은 이렇게 간증한다.

"생일감사헌금을 드리는 어른들의 모습을 보며, 생일에는 생일감사헌금을 드리는 것을 배웠습니다. 그리고 부활절, 감사절, 성탄절과 같은 중요한 절기에 특별감사헌금을 드리는 신앙의 선배들을 보면서 저도 그렇게 하는 것을 배웠습니다."

최근 UN 보고서에 의하면 세계적으로 사막화가 점점 확대되어 지구 면적의 약 1/4이 사막화 위기에 처해 있다고 한다. 우리나라도 매년 황사가 매우 심해지고 있는데, 그 요인 중 하나는 급속히 진행되고 있는 몽골지역의 사막화다.

이처럼 사막이 늘어나는 이유는 다름 아닌 강우량 부족이다. 그렇다면 점차 비가 적게 내리는 이유는 무엇일까? 땅에 있는 수분이 증발해 하늘로 올라가야 비구름이 형성되고 그것이 다시 땅으로 내려오는 것이 비인데, 소위 지구온난화로 인해 수분이 하늘로 올라가지 못하고 땅 위에서 말라 버리기 때문이다. 이렇듯 하늘로 올라가는 수분량이 부족하니 자연스레 비가 적게 내리고, 따라서 땅은 점점 더 메마르게 되는 것이다.

나는 이 현상을 감사와 축복의 관계로도 설명할 수 있다고 생각한다. 우리의 감사가 하늘로 올라가지 않으면 하늘에서 은혜의 단비도 내려오지 않는 것이다.

어느 기독교 가정 상담기관에서 결혼한 남녀 50명에게 '감사'를 주제로 설문조사를 했다. 그런데 그 결과가 처참했다. "아내에게 감사하다고 말해 본 적이 있는가?"라는 질문에 "없다"라고 대답한 남편은 무려 44 명이나 되었고, "남편에게 감사하다고 말해 본 적이 있는가?"라는 질문에 "없다"라고 대답한 아내 역시 42명이었다.

당신의 가정은 어떤가? 가족들끼리 서로 감사의 고백을 하며 살아가고 있는가?

'감사합니다'라고 말하는 데 0.3초밖에 걸리지 않는다고 한다. 그래서 '0.3초의 기적'이라고 말한다. 우리 서로가 기회 있을 때마다 감사의 추억을 남기며 살아가면 얼마나 좋을까?

감사의 힘

미국 미시간 대학교의 크리스 피터슨 교수는 '감사요법'(Thank You Therapy)을 개발했다. 그의 이론은 단순하다.

"감사하면 건강해집니다. 여러분의 몸과 마음이 아플 때 감사요법을 적용해 보십시오. 감사요법은 식전과 식후 아무 때나 복용할 수 있고, 물과 함께 또는 물 없이도 복용할 수 있습니다. 이 치료제는 전혀 부작용이 없고 더군다나 무료입니다."

날마다 마음의 상태를 감사모드로 고정시켜 놓고 살기를 바란다. 실제로 감사한 마음으로 살아갈수록 심장이 건강해진다고 하니, 얼마나 좋은 일인가.

영국의 설교자 스펄전 목사는 감사의 효력을 이렇게 설명한다.

"불행할 때 감사하면 불행이 끝나고, 형통할 때 감사하면 계속 형통의 복이 찾아온다. 따라서 감사는 모든 문제를 푸는 마스터키다."

샌드라 데이 오코너(Sandra Day O'Connor)는 로널드 레이건 대통령 당시 미국 사법사상 최초의 여성 연방대법관이 되었다. 그런데 그녀가 어느 날 갑자기 그 명예로운 종신직 대법관 자리를 내려놓았다. 치매에 걸린 남편을 돌보기 위해서였다. 안타깝게도 남편은 점점 기억을 잃으면서 자기 아내조차 알아보지 못했다.

그런 그가 요양원에서 만난 한 치매 환자와 사랑에 빠졌다. 두 사람이 손을 잡고 산책하거나 키스를 하는 장면을 아내 오코너는 자주 목격했지만, 남편을 미워하거나 남편의 애인을 질투하지 않았다. 오히려 행복해하는 남편을 기쁘게 바라보았다. 그녀는 신문기자에게 이런 말을 하기도 했다.

"나를 기억하지 못하고 다른 여성을 사랑해도, 그가 행복하다면 나는 기쁩니다."

이런 고결한 사랑에 대해 심리학자 메리 파이퍼는 이렇게 말한다.

"젊어서의 사랑은 자신의 행복을 원하는 것이고, 황혼의 사랑은 상대가 행복해지길 바라는 것이다."

누가 행복한 사람인가

《탈무드》는 가장 행복한 사람을 이렇게 정의한다.

세상에서 가장 강한 사람은
자기를 이기는 자

가장 부요한 사람은
항상 만족할 줄 아는 자

가장 지혜로운 사람은
끝없이 배우는 자

가장 행복한 사람은
모든 일에 감사하며 사는 자

살다 보면 누구나 뜻밖의 상황을 만난다. 피할 수 없다면, 그 상황을 하나님이 가르쳐 주신 방법으로 지혜롭게 풀어 나가야 한다. 하나님은 우리에게 '감사'라는 문제풀이 방법을 이미 알려 주셨다.

예수님은 어린아이의 작은 도시락으로도 하늘을 우러러 큰 감사를 드리셨다. 그러자 어떻게 되었는가? 큰 기적이 일어났다. 문제가 해결됐을 뿐만 아니라 그곳에 모인 모든 사람에게 감사의 멋진 추억을 남겨 주신 것이다.

감사만이 모든 문제를 푸는 마스터키임을 기억하자. 탈무드의 교훈처럼 모든 일에 감사하며 사는 자가 행복한 사람이다. 감사한 추억을 남기며 사는 만큼 행복해진다.

몇 해 전 미국의 부흥회를 다녀오며 뉴욕에 있던 아들에게 쓴 편지 일부를 공개한다.

무더운 여름밤, 네 방이 너무 더운데도 아빠가 잠자는 데 방해받지 않게 하려고 문까지 닫고 자는 너의 깊은 마음과 섬세한 배려는 이 지구상에서 최고의 효심이야. 고마워.

젊은 날에 아름다운 추억을 많이 만들수록 인생은 행복한 거란다. 너처럼 고생도 많이 해 보고, 여러 가지 약점과 아픔 속에서도 자기를 이겨 내고 극복하며, 동시에 즐거움도 누려 보려는 과감한 여행들, 참으로 멋진 거야. I'm proud of U, my son.

그리고 사랑하는 아들아, 한 가지 제안을 하고 싶다. 무엇이든 오래 애용하다 보면 그것도 중독이 될 수 있는데, 요즘 네가 너무 자주, 많이, 스마트폰을 손에 들고 있는 것 같아 약간 걱정이다. 우리는 때때로 익숙한 것에서 멀어지는 훈련도 필요하단다. 그러니 하루 중 스마트폰을 손에서 떼는 자기절제를 시도해 보는 게 어떨까? 혹시 엄마 아빠가 볼 때만 스마트폰을 한 거라면 아빠의 예민한 염려에 불과하고. 그러나 내가 본 게 사실이라면 네가 풀어야 할 숙제고.

오늘 380 이코노미 좌석 중 앞쪽에 앉아서 오니 생각보다 괜찮다. 엘리트 좌석이라 공간도 넓고 좋아. 네가 깔아 준 seat guru 덕분에 좋은 자리에 앉을 수 있었어. 요즘 비행기 탈 때마다 좌석 확보에 성공하고 있어. 지혜로운 아들 덕분이다. 고맙데이. 한턱낼게.

때마침 태국에 간 은별이까지 내가 인천공항에 도착하는 바로 그 시간에 도착하는 절묘한 타이밍의 행복까지 있으니 참 좋다. 이처럼 행복은 멋진 해프닝이야. Happy is happening.

축복한다, 아들아. 더욱 사랑한다, 아들아.

2013년 8월 13일, 대한항공 380, 29c 좌석에서 행복한 아빠가 행복은 멀리 있지 않다. 대단한 것도 아니다. 감사한 추억을 남기며 사는 만큼 행복하다. 하나님은 감사하는 만큼 축복해 주고 싶어 하신다. 그러니 내게 주어진 모든 상황에서 하나님께 감사드리며, 더불어 일상에서, 가까운 사람들에게, 사소한 일에도 감사를 표현하며 살기를 바란다. '므낫세'와 '에브라임'처럼 과거 회복을 감사하고, 미래 희망을 기대하며 감사의 추억을 만들며 살아가자.

1. 나는 감사의 마음을 잘 표현하는 사람입니까?

2. 내 자녀에게 어떤 추억을 남기고 있습니까?

_____

_____

_____

_____

_____

_____

_____

_____

_____

_____

_____

13 복된 성품
만들어 주기

누가복음 10:30-35

몇 년 전 한일교회 협력회의 차 일본 동경에 간 적이 있는데, 나를 만난 실무자가 우리 교회 목양실장이 나를 지극히 배려한다며 그를 칭찬하는 것이 아닌가. 우리 교회 목양실장을 이 사람이 어떻게 아나 싶었는데, 알고 보니 내가 일본에 도착하기 전, 목양실장이 협력회의 실무자에게 여러 차례 부탁을 한 것이었다.

"우리 목사님은 허리가 안 좋으시니, 자리를 끝 쪽으로 배정해 주시기를 부탁드립니다."

얼마나 섬세한 배려인가? 그런데 그의 이런 섬세함은 꾸며 낸 것이 아니다. 그의 본성이다. 나는 이런 자연스럽게 드러나는 성품이 곧 복된 본성이라고 생각한다.

본성이란, 교육으로 이루어지는 것이 아니라 본능적으로 가꾸어지는 성품이다. 사람의 성격은 어렸을 때부터 여러 가지 경험이 농축되어 만들어지는데, 여기서 중요한 것은 성품이란 나무와 같아서 하룻밤 사이에 자라지 않는다는 점이다. 벼락공부하는 사람처럼 막판에 온 힘을 다해 애쓴다고 해서 합격점을 얻을 수 없다. 성품은 괄호 넣기나 진위형 문제로 측정되는 것이 아니라 평생에 걸쳐 써야 하는 인생서술이다. 그래서 정신분석학에서는 성격을 'lifelong behavior pattern'이라고 한다. 일생 동안 지속되는 행동유형이라는 뜻이다.

사람은 누구나 자기성격대로 행동하며 살아간다. 그러므로 성품이 복될수록 행동이 복되고, 그 결과 복된 인생이 된다.

개인은 성품을 넘어설 수 없다

미국 교회의 새로운 지도자 앤디 스탠리(A. Stanley)는 《성품은 말보다 더 크게 말한다》라는 책에서 성품의 중요성을 다음과 같이 일깨워 준다.

■ 당신의 성품이야말로 당신의 참모습이다.
■ 당신이 평생 얼마나 많은 일을 이룰지는 성품의 영향을 입는다.

- 당신이 남들이 알 만한 가치가 있는 사람인지는 성품으로 결정된다.

- 당신의 모든 인간관계는 성품 때문에 잘되기도 하고 깨지기도 한다.

- 노력과 행운으로 얻은 재산을 얼마나 오래 지킬 수 있는지는 당신의 성품을 통해 가늠할 수 있다.

- 성품은 당신 삶의 모든 면과 맞닿아 있다. 성품이 미치는 범위는 당신의 재능, 교육, 배경, 인맥보다 넓다. 그런 것들로 문이 열릴 수는 있으나 일단 그 문에 들어선 후의 일은 성품으로 결정된다.

- 외모와 재산으로 결혼은 성사될지 모르나, 결혼을 유지하는 것은 성품이다. 하나님께 받은 생식 기관으로 자녀는 낳을지 모르나, 자녀와 관계를 맺고 대화하는 능력은 성품으로 결정된다.

금세기 리더십의 최고 권위자인 존 맥스웰은 "인품은 말보다 중요하고, 사람은 자기 인품을 넘지 못한다."라고 이야기한다. 그래서 그는 《리더의 조건》이라는 책에서 성품을 다음과 같이 일목요연하게 정리한다.

첫째, 성품은 말이 아닌 행동으로 드러난다. 둘째, 재능은 선물이지만 성품은 선택이다. 재능이나 IQ는 원하는 대로 얻을 수 없지만, 우리가 살아가는 과정에서 성품은 선택할 수 있다. 셋째, 성품은 대인관계에 변함없는 성공을 가져다준다. 모든 사람을 끌어안는 큰 심장을 가져야 한다. 리더의 성품에 결함이 많을수록 사람들은 리더를 따르지 않는다. 넷째, 자신의 성품이 갖고 있는 한계를 넘을 수 있는 사람은 없다.

《성공 증후군》의 저자 스티븐 버글래스는 "엄청난 성취감을 얻었다 하더라도 그것을 지탱할 기본적인 성품이 없다면 파멸로 향하게 된다." 고 말한다. 성품이 복되게 형성되지 않을수록 인격과 인생은 파괴될 수 있다는 경고다. 그래서 그는 이 한마디를 덧붙인다. "인생의 위기가 반드시 성품을 형성한다고 할 수는 없지만, 위기가 성품을 드러낸다는 것 만큼은 분명하다."

평온한 보통의 날에는 드러나지 않는 숨겨진 성품이, 극한의 상황에 처하면 제 모습을 드러내기 마련이다. 삶의 위기에서 명확하게 드러나는 것, 이것이 바로 본성이다.

진나라의 재상이었던 여불위가 인재를 뽑을 때 기준으로 삼았다는 테스트가 있다. 바로 '육험론'(六驗論)이다.

첫째, 낙(樂)이다.
즐겁게 해주고서 그가 즐거움에 얼마나 빠져 드는가를 살핀다.
둘째, 희(喜)다.
사람을 기쁘게 하고서 그가 기쁨을 얼마나 자제하는가를 살핀다.
셋째, 고(苦)다.

사람을 괴롭게 하고서 그가 괴로움을 얼마나 참는지를 살핀다.

넷째, 공(恐)이다.

사람을 두렵게 하고서 그가 얼마나 두려움을 나타내는지를 살핀다.

다섯째, 비(悲)다.

사람을 슬프게 하고서 그가 얼마나 슬픔을 삭이는지를 살핀다.

여섯째, 노(怒)다.

사람을 성나게 하고서 그가 얼마나 감정을 다스리는지를 살핀다.

나의 성품, 나의 본성은 어느 수준에 있는가? 나의 성품을 보며 사람들은 무엇이라고 말할 것인가?

복된 성품, 복된 인생

복된 성품이 복된 인생을 만든다. 재능(capacity)보다 성품(character)이 더 중요하다. 능력(power)보다 인격(personality)이 더 우선이다. 재주(talent)보다 품성(tendency)이 더 소중하다. 일보다 인품 관리를, 외형적 성공보다 성품의 성숙을 지향해야 한다. 따라서 우리는 성품과 인격을 평생 개발해야 한다. 이 일은 결코 단기간에 이룰 수 없다. 날마다 성품을 닦고 수

양함으로 이룰 수 있는 일이다.

우리나라는 어느 순간부터 남녀노소 할 것 없이 외모관리가 초미의 관심사가 되었다. 전 세계에서 성형수술 수준은 일등에 이른다. 사람은 분명 겉모습을 본다. 그러나 하나님은 그렇지 않으시다. 성경은 하나님께서 사람의 외모보다 성품과 인격을 중시하신다고 분명히 기록하고 있다.

그러므로 우리는 자녀들에게 좋은 상품을 사 주기보다 복된 성품을 형성시켜 주어야 한다. 그래야 내 사랑하는 자녀가 복된 인생을 살아가게 된다. 성적이 향상되도록 이끌어 가야 하는 것도 부모의 역할이지만, 그보다 더 중요한 책임은 성품이 향상되도록 바른길로 잘 이끌어 주는 것이다.

예수님의 제자훈련 본질은 성품훈련이다. 소위 8복 설교의 핵심은 복된 본성에 대한 메시지다. 예수님은 열두 제자들에게 일꾼이 되기 전에 먼저 '인간이 되어야 함'을 피력하신다.

성경에는 예수님이 소개하신 복된 본성의 사람이 여럿 등장한다. 그 중 한 명이 도움이 필요한 사람을 모른 척하지 않고 기꺼이 도왔던 사마리아인이다. 그는 여행 중에 강도를 만나 돈을 빼앗기고 많이 다친 사람을 불쌍히 여기며 최선을 다해 그에게 필요한 모든 조치를 다 해준다.

이번에는 어떤 사마리아 사람이 그 길을 여행하다가 그가 있는 곳에 이르렀다. 사마리아 사람이 그를 보고 불쌍하게 여겼다. 그래서 그 사람에게로 가서 그의 상처에 올리브 기름과 포도주를 붓고 붕대로 감쌌다. 그리고 그를 자기의 짐승에 태우고 여관으로 데리고 가서 그를 정성껏 보살펴 주었다. 다음 날, 그는 은화 두 개를 여관 주인에게 주면서 말했다. '이 사람을 잘 보살펴 주세요. 만일 돈이 더 들면 내가 돌아올 때 갚겠습니다.'

(눅 10:33-35, 쉬운성경)

사마리아인이 등장하기 전 본문(눅 10:30-32)을 자세히 관찰해 보면 강도 만난 사람을 그냥 지나친 제사장, 종교지도자, 율법학자는 모두 본성이 복되지 않은 사람의 모습을 나타낸다. 그들은 종교적 신앙은 있었을지 몰라도, 다른 사람을 배려하거나 보살피는 복된 성품은 갖추지 못했다.

그래서 예수님은 복된 본성을 지닌 한 사마리아인을 표본으로 보여 주신다. 그가 여행 중에 불행한 사람을 만난 것은, 그야말로 갑자기 닥친 현실이다. 계획에 있거나 짐작할 수 있는 일이 아니었다. 그래서 일본어 성경에서는 이 일을 '어쩌다가'라는 단어로 표현한다. 어쩌다가 갑자기 만난 상황에서 그는 본능적으로 사랑을 베푼다. 너무나 자연스럽게 사랑의 성품을 행동으로 옮긴다. 그것이 가능했던 이유는 간단하다. 그는 본래 그런 사람, 즉 사랑이 체질화된 사람이기 때문이다. 우리는 이것을 본성이라고 말한다. 그야말로 복된 본성이다.

우리는 자신의 성품을 더 아름답게 가꾸며 살아야 한다. 성품이 아름답게 가꾸어질수록 건강한 자화상을 갖고 살아갈 수 있다. 그렇다면 우리가 가꾸어야 할 아름다운 성품은 어떤 모습일까?

약자를 배려하는 성품

하나님은 우리가 믿음이 강한 자가 되기를 원하신다. 성경에는 "강하고 담대하라"라는 말씀이 자주 반복된다. 특히 에베소서 6장 10절에서는 '성령의 능력'으로 강한 자가 되라고 당부한다. 우리는 믿음과 영적인 힘이 강한 자가 되어야 한다. 세상 앞에서 비실거려서는 안 된다. 동시에 성경은 영적으로 강건한 사람일수록 믿음이 연약한 사람들을 깊이 배려하고 잘 보살피라고 부탁한다. 자신의 기쁨뿐만 아니라 타인의 기쁨도 소중히 여기라는 의미다. 또한, 있는 자일수록 없는 자를 배려하고, 강한 자일수록 약한 자를 돌보라고 요청한다. 결국, 진정으로 강한 믿음은 약한 자를 향한 긍휼과 배려로 나타나야 한다.

로마서 15장 2절에서는 성숙한 신앙의 핵심에 해당하는 용어가 등장한다.

…선을 이루고 덕을 세워야 합니다. (우리말성경)

선이란 이웃의 유익을 말하며, 덕이란 모두의 유익을 뜻한다. 특히 덕이란, 먼저 하나님 앞에 선하고, 자기 자신한테 선하며, 이웃에게도 선한 것을 말한다. 이 세 관계가 합쳐져서 온전해지는 것이 '덕'이다. 그러므로 교회는 미덕 공동체가 되어야 한다.

21세기는 이미 지성사회에서 영성과 덕성사회로 도약하고 있다. 지장보다 덕장을 필요로 한다. 21세기의 대명사인 포스트모더니즘의 가장 두드러진 현상은 이기주의(selfishness)다. 외형적으로는 '개인주의'라는 그럴싸한 표현을 사용하고 있지만, 그 근본은 철저한 이기주의다. 그러다 보니 사회 전반에서 약육강식의 사나운 논리가 점점 심해지고 있다.

그래서 우리는 나보다 약한 자에게 먼저 손을 내밀어 붙잡아 주는 넉넉한 성품을 가꾸어야 한다. 누군가의 표현처럼 '힘은 섬기라고 있는 것'이다. 갈라디아서 6장 2절에서는 '믿음이 강한 자일수록 약한 자의 짐을 져주라'고 부탁한다. 대한민국 남자들은 군대생활을 통해 이 원리를 몸으로 터득한다. 완전 군장을 하고 무장구보를 할 때 동료의 무거운 짐을 대신 져 주었던 경험이 있을 것이다. 이처럼 약한 자를 비판하거나 괴롭히는 대신, 그를 따뜻한 마음으로 배려해 주는 성품이 곧 아름다운 인격이다.

2016년 12월 3일 청와대 앞에서 촛불시위를 하던 한 사람이 갑자기 쓰러졌다. 시위대에 합류해 있던 의사와 간호사가 응급조치를 하고, 주변 사람들은 가져온 담요로 덮어 주었다. 그래도 추위가 가시지 않는 날씨였는데, 갑자기 하늘에서 여러 개의 핫팩이 떨어졌다. 경찰버스 위에서 이 상황을 지켜보던 경찰들이 자신들에게 있던 핫팩을 던져 준 것이었다. 얼마나 아름다운 본능적 사랑인가?

이처럼 아름다운 성품을 가진 사람은 어떻게 하면 다른 사람을 도울 수 있을까를 생각하며 살아간다.

자아를 내려놓는 성품

성경은 아름다운 성품을 가꾸기에 도움을 주는 이상적인 예를 들어 보인다.

예수 그리스도의 성품을 본받으라는 것이다.

예수님은 오직 하나님의 영광을 위해 자신을 완전히 비우고 내려놓는 표본을 보여 주신다. 이것이 우리가 가꾸어야 할 아름다운 성품의 본질이다.

빌립보서 2장에서는 비움과 내려놓음의 영성을 구체적으로 나열하면서 자신의 개성과 아집을 내려놓고, 자신의 인격에 예수님의 성품을 이식해 가꾸라고 제안한다. 이것이 뜻하는 바는 곧 자신을 주장하지 않는 마음이다. 인격과 신앙이 성숙한 사람일수록 자기주장을 강하게 펼치지 않고, 자존심을 쉽게 내려놓는다.

이처럼 자기 권리를 미련 없이 양도하시는 예수님의 모습이 그야말로 완전한 비움이다.

> 그분은 본래 하나님의 본체셨으나 하나님과 동등 됨을 기득권으로 여기지 않으시고 오히려 자신을 비워 종의 형체를 가져 사람의 모양이 되셨습니다.
> (빌 2:6-7, 우리말성경)

성경은 교회에서 지도자층에 해당하는 사람일수록 주장하는 자세를 취하지 말고, 자기를 비우고 내려놓으라고 당부한다.

> 맡겨진 사람들에게 군림하는 자세로 하지 말고 오직 양 떼의 모범이 되십시오. (벧전 5:3, 우리말성경)

얼마나 아름다운 성품인가? 스스로 뒤로 물러나고, 자신을 낮출수록 오히려 존경을 받는다. 부부관계나 가족관계에서도 마찬가지다. 자기주장으로 목소리를 높이지 않고, 자존심을 내려놓을수록 행복해지는 법이다(고전 7:4).

인생의 합창을 좋아하는 성품

현대 리더십에서는 훌륭한 리더가 되기 위한 조건으로 과학의 용어를 빌려 'Chemistry'라는 단어를 사용한다. 어떤 조직이나 단체 안에 자신을 녹여 조화를 이루어 내는 성숙한 성품을 의미한다. 성숙한 사람일수록 어떤 분위기나 상황에서 공감대를 잘 형성하고 공통분모를 잘 찾아내 균형과 조화를 이루어 나가지만, 미성숙한 사람은 불화를 조성한다.

메시지 성경에서는 서로 같은 뜻을 품고, 한마음으로 융화를 이루는 성품을 아주 절묘한 단어를 사용하여 다음과 같이 풀어낸다.

여러분도 서로 사이좋게 지내기를 바랍니다. 그럴 때 우리는 합창대가 될 것입니다. (롬 15:5–6, 메시지 성경)

성품이 아름다운 사람은 혼자 튀려 하기보다 멋진 하모니를 이루는 합창대 인생을 살아간다. 훌륭한 성악가일수록 자기 소리를 녹여서 멋진 화음을 만들어 내는 법이다.

음악에서 자주 사용되는 앙상블(ensemble)이라는 용어는 조화와 합창이라는 의미다. 그런데 여러 소리가 아름답고 잘 어우러지는 진정한 앙상블은, 자기 소리를 죽일 때 가능하다. 우리는 가능한 한 서로 부딪치지 말고, 조화를 이루며 살아야 한다.

교수이자 가수인 하덕규의 '가시나무'라는 노래는 매우 깊은 메시지를 전한다.

내 속엔 내가 너무도 많아. 당신의 쉴 곳 없네. 내 속엔 헛된 바람들로 당신은
편할 곳 없네. (…) 바람만 불면 그 메마른 가지 서로 부딪치며 울어대고, 쉴
곳을 찾아 지쳐 날아온 어린 새들도 가시에 찔려 날아가고

대단히 철학적이고 신앙 고백적인 가사다. 사실 우리가 다른 사람과 잘 어울리지 못하는 근본적인 요인은 내 안에 가시가 많기 때문이다. 내 속에 있는 가시 때문에 여러 사람을 괴롭히고, 그들에게 상처를 준다. 그러므로 우리는 합창대 지휘자처럼 모두를 끌어안는 넓은 가슴으로 살아가야 한다.

자신의 본성을 아름다운 성품으로 가꾸고자 하는 이들에게 정용철의

책, 《가슴에 남는 좋은 느낌 하나》에 삽입된 '내가 자랑스럽습니다'라는
글을 선물한다.

나는 내가 자랑스럽습니다.

지나온 시간들을 되돌아보니 어느새 내가 많이 성숙해져 있고, 앞으로도 더욱

아름답고 귀하게 발전해 갈 내 모습을 생각하니 내가 무척 자랑스럽습니다.

나는 내가 자랑스럽습니다.

내 마음속에는 바르고 착하게 살려는 의가 강같이 흐르고 있으며, 조금이라

도 이 의지가 훼손되면 괴로워하니 내 모습이 자랑스럽습니다.

나는 내가 자랑스럽습니다.

내 마음에는 큰 욕심이 없지만 작은 욕심이 몇 가지 있는데 그것은 사랑, 아

름다움, 의로움에 대한 욕심이기 때문입니다.

나는 내가 자랑스럽습니다.

내게 주어진 삶의 현실에 불만하지 않고 언제나 긍정적인 자세로 낙관하면서

열심히 살아가는 내 모습이 정말 자랑스럽습니다.

나는 내가 자랑스럽습니다.

언제나 밝은 얼굴과 겸손한 마음으로 다른 이를 따뜻하게 대하고 그를 위하여 내가 할 수 있는 일을 하고야 마는 덕스런 내 모습이 아름다워 보입니다.

나는 내가 자랑스럽습니다.

내 발길은 언제나 부지런하여 맡은 일에 성실함으로 부끄러움 없이 당당해지는 나의 태도가 나를 기쁘게 합니다.

나는 내가 자랑스럽습니다.

나에게는 아름다운 꿈이 있고 그 꿈을 평생 간직하면서 날마다 그 꿈을 향해 성실히 나아가고 있기 때문입니다.

당신이 약자를 배려하는 성품을 가졌다면 자랑스러운 사람이다. 당신이 자아를 비우고 내려놓는 성품을 가졌다면 자랑스러운 사람이다. 당신이 인생의 합창을 만들어 내는 성품을 가졌다면 자랑스러운 사람이다.

오늘 우리에게 이런 아름다운 DNA가 있기를 바란다. 더 나아가 자녀들에게 예수님의 사랑으로 거듭난 본성, 복된 본성을 만들어 주는 고결한 부모가 되기를 축원한다.

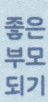

좋은
부모
되기

1. 성격 때문에 일을 그르치거나 반대로 도움을 받은 적이 있습니까?

2. 자녀의 좋은 성품 형성을 위해 어떤 노력을 기울이고 있습니까?

14 자녀는 애물이 아니라 선물입니다

시편 127:3

우리나라의 두 얼굴을 다룬 책이 있다. 영국의 저널리스트 다니엘 튜더(Daniel Tudor)가 쓴 《기적을 이룬 나라, 기쁨을 잃은 나라》다. 제목으로도 알 수 있듯이 경제성장의 기적은 이루었으나 인간적인 행복과 기쁨을 상실한 우리나라의 모습을 적나라하게 꼬집는 책이다.

분야마다 문제점이 있을 테지만 교육 부분을 들여다보자면, 한국 교육의 근원적 불행은 교육이 신분 상승의 도구로 전락했다는 것이다. 어느 순간 교육이 '누가 용이 될 것인가'를 가리는 선발의 의미만을 갖게 되었다. 그래서 많은 부모가 소위 자녀들의 '스펙'을 쌓아 주기 위해 시간과 물질을 아낌없이 투자한다. 그리고 그 과정에서 자녀에게 공포 교육마저 실시한다.

"너 공부 안 할래? 엄마 죽는 꼴 보고 싶니?"

"네 성적에 잠이 오냐? 대학에 따라 인생이 달라지는 거야!"

이처럼 정서적으로 병든 환경 속에서 부모와 자녀 사이에는 '갑질 교육'이 횡행하고 있고, 자녀 교육에 대한 그릇된 열정은 자녀의 대학 입학으로 끝나지 않는다. 대학에 입학한 자녀의 수강신청을 도와주기 위해 직접 학교에 오거나 교수 면담을 신청하는 부모도 있다고 한다. 심지어 대학원생 자녀를 위해 교수에게 직접 전화를 걸어 학점에 관해 건의와 항의를 한다고도 하니, 문제가 아닐 수 없다.

그래서 생긴 신조어까지 있다. 바로 '잔디 깎기 부모'다. 과거에는 자녀의 주위를 날아다니며 간섭한다는 의미에서 '헬리콥터 부모'로 불렸다면, 이제는 한발 더 나아가 아예 부모가 앞장서서 장애물을 제거해 준다는 뜻이다. 이 외에도 '강남이모', '돼지엄마' 등 엄마들에 관한 별별 용어들이 난무한다.

그런데 더욱 큰 문제는 자녀들이 이런 부모를 창피해하는 게 아니라 오히려 고마워한다는 점이다. 부모의 가치관을 그대로 받아, 더 높은 곳으로 가는 것이 성공이라는 생각을 하게 된 자녀들은 심지어 사회적 위치에 따른 차별적 대우를 마땅하다고 생각하기에 이르렀다. 이런 부작용을 근거로 사회학자 오찬호는 《우리는 차별에 찬성합니다》(부제: 괴물이 된 이십대의 자화상)라는 책을 썼다. 이 책은 우리나라 대학생들의 '대학서열 중독증'을 실감 나게 고발하고 있다.

최근 10년간 고학력 전문·관리직 자살자 수가 6배로 늘어났다는 보고가 있었다. 남들보다 나은 점이 분명히 있음에도 불구하고 불필요한 비교의식과 열등의식으로 자괴감에 빠져 스스로 불행을 자처한 것이다. 또한, 대학 상담센터들은 상담실을 방문하는 학생의 절반 이상이 우울증과 같은 정신적 문제를 갖고 있다고 이야기한다. 이처럼 젊은 학생들이 삶을 포기하고, 삶에서 만족을 느끼지 못하는 이유는 '서열'에서 높은 위치를 차지하지 못했다는, 혹은 못할지도 모른다는 데에서 오는 불안 때문이다.

남들보다 더 높고, 더 나은 삶을 목표로 삼아 전투적으로 경쟁하다 보니, 성장은 이루었을지 모르나 '더불어 사는 능력'은 부끄럽게도 세계 꼴찌 수준이다. 자녀를 무조건 상위 1%에 넣으려는 부모의 욕심과 잘못된 가치관이 자녀들이 자괴감에 빠져 살게 하며, 나아가 자녀를 철저한 이기주의자로 만들어 내는 것이다.

하나님의 선물

부모는 자녀에게 과도한 스트레스를 주기보다 그들이 편안하고 행복하게 살아갈 수 있도록 나침반 역할을 해주어야 한다. 하나님은 우리에게 선물로 주신 자녀를 축복의 사람이 되게 하라고 요청하신다.

시편 127편과 128편은 가정 행복의 마그나카르타다. 하나님이 축복하시는 가정, 하나님이 세워 주시는 가정, 하나님이 돌보시는 가정, 하나님이 번성케 하시는 가정을 주제로 한다. 여기에서 핵심은 부모와 자녀 관계다. 자녀를 축복의 계승자로 만들라는 것이다. 시편 127편에서는 하나님께서 천대까지 축복을 베풀고 싶어 하시는 대상이 곧 자녀임을 분명하게 밝히고 있다.

> 자녀는 여호와께서 주신 선물이며 상급으로 주신 그의 축복이다.
>
> (시 127:3, 현대인의 성경)

자녀는 내가 원해서 낳았지만, 하나님께서 은혜로 주신 선물이다. 단순히 부모의 부산물이 아니라, 하나님이 은혜로 축복하신 선물이다(창 33:5). 하나님은 축복의 상속자로 자녀를 주셨음을 분명히 밝히신다.

그런데 우리는 하나님께서 주신 선물인 자식을 애물단지로 여기는 경향이 있다. 분명히 부모가 간절히 원해서 얻은 선물인데도, 무거운 짐으로 여기는 것이다. 그러나 성경은 자식은 짐이 아니라, 힘이 되도록 하나님이 주신 축복의 선물임을 확실하게 선언한다.

그래서 어떤 성경학자는 시편 127편에서 말하는 하나님의 선물인 자녀를 3H로 설명한다.

"Heritage, Helpers, Happiness."

자녀는 하나님의 축복을 잘 이어 갈 상속자이자, 부모가 늙게 되면 곁에서 도와줄 자, 결국 행복을 가져다주는 주인공이다. 그러므로 우리는 하나님의 선물인 자녀를 기뻐하고 자녀를 잘 관리해야 한다.

1858년 뉴욕의 한 가정에 아이가 태어났다. 아이는 소아마비를 앓아서 다리를 절었고 시력도 극도로 나빴다. 게다가 천식으로 인한 호흡 곤란 때문에 바로 앞에 있는 촛불도 끌 힘이 없었다. 가까스로 생명을 연장하여 아이가 11살이 되던 날, 아버지는 아이에게 이런 말을 해주었다.

"사랑하는 아들아, 네가 가진 장애는 장애가 아니란다. 네가 만일 오늘 전능하신 하나님을 참으로 신뢰한다면, 그리고 하나님의 도우심이 너와 함께한다면, 오히려 너의 장애로 인해 모든 사람이 너를 주목할 것이고, 너는 역사에 신화 같은 기적을 남기는 놀라운 삶을 살 수 있단다."

아버지로부터 이런 사랑의 축복을 받은 그는 23세가 되던 해에 뉴욕주를 대표하는 의회 의원이 되고, 28세에 뉴욕 시장으로 당선된다. 그리고 주지사와 부통령을 거쳐서 미국 역사상 가장 어두웠던 시절에 새로운 신화를 장식한 대통령이 된다. 그는 바로 노벨평화상까지 수상한 데오도르 루스벨트 대통령이다.

자녀에게 문제점이나 약점이 있을 수 있다. 선천적인 연약함일 수도 있고, 아니면 나쁜 습관으로 발생하게 된 것일 수도 있다. 그러나 자녀가 그것을 극복하고 개선할 수 있도록 돕기 위해 부모가 존재하는 것이다.

그렇다면 부모 된 우리는 하나님이 주신 자녀를 어떻게 바라보고 대해야 할까?

자녀를 있는 그대로 인정하고 사랑해야 한다

자녀는 사랑의 대상이다. 어느 누구도 아무런 계획 없이 저절로 태어나지 않는다. 하나님의 위대한 계획과 섭리에 따라 지어져 이 세상에 온다. 사도 바울의 표현을 빌리자면 '하나님의 경륜 속에서' 출생하는 것이다. 게다가 하나님이 만드신 최고의 작품이 될 수 있는 무한한 가능성을 가지고 우리 가정에 온 것이다. '저런 인간이 어쩌다가 우리 집안에 태어난 것'이 아니라는 이야기다.

자녀를 만드신 분이 누구신지를 기억할 때, 우리는 자녀의 모습을 함부로 평가해서는 안 된다. 하나님의 작품을 내 얇은 기준으로 판단할 수는 없는 일이다. 하나님은 내 자녀를 위해 독생자 예수님을 이 땅에 보내시고 십자가에 못 박혀 죽게 하셨다.

그러므로 우리는 자녀들을 하나님께서 사랑하고 축복하시는 대상으로 소중히 여겨야 한다. 특히 우리 가정에 보내신 선물이기에 있는 그대로 받아들여야 한다. 결혼할 때 배우자로부터 받은 선물을 가격이나 크기에 따라 등급을 매겨 가치를 측정하는 사람은 없지 않은가? 사랑의 선물은 그 자체로 의미와 가치가 크다. 그래서 그대로 받아들이고 소중하게 여겨야 한다.

바른 자녀양육의 방법 중 가장 기본적인 것은 자녀를 현재 모습 그대로 인정해 주고 사랑하는 것이다.

자녀에게 자긍심을 심어 주어야 한다

자녀들에게 '너는 하나님께서 우리 가정에 주신 보배로운 선물'이라는 긍지를 갖게 해야 한다.

오스카 와일드(Oscar Wilde)는 "자녀들을 착하게 만드는 최선의 방법은 그들을 행복하게 해주는 것"이라고 말한다. 또 찰스 벅스턴(Charles Buxton)은 "자녀들에 대한 최우선의 의무는 그들을 행복하게 해주는 것이다. 만일 자녀들을 행복하게 해주지 않는다면 그것은 자녀들에게 잘못을 범하는 것이다. 그들이 부모로부터 받는 것 중에 행복을 대신할 수 있는 것은 아무것도 없다"라고 말한다.

자녀는 모두 하나님이 아름답게 보시는 존재들이며, 우리 가정에 보내신 선물이고, 귀하게 쓰실 능력의 대상들이다. 지금 현재의 모습으로는 빛나는 미래가 쉽게 그려지지 않을지 모른다. 하지만 부모는 내 자녀에게 무한한 가능성의 미래가 펼쳐질 것을 내다볼 수 있어야 한다. 그리고 그 미래를 자녀의 가슴에 심어 주어야 한다.

하나님이 은혜를 부어 주시면 모든 것은 지금보다 나아진다. 오히려 약하고 부족할수록 하나님의 능력을 드러내는 도구로 적합한 대상이 될 수 있다. 그러므로 부모가 먼저 자녀를 긍정의 눈으로 바라보고, 자녀가 스스로를 긍정적으로 바라볼 수 있게 해야 한다. 자신이 가정의 보배로서 행복을 가져다주는 존재임을 알게 해야 한다.

자녀에게 다음세대 비전을 품게 해줘야 한다

하나님은 부모인 우리보다 자녀를 통해 더 큰 축복의 선물을 주실 수 있다는 믿음의 기대와 비전을 품게 하신다.

젊었을 때 낳은 자식은 용사의 손 안에 있는 화살 같아서 그런 화살이 많은 사람은 행복하다. 그가 법정에서 자기 원수를 만나도 수치를 당하지 않으리라.
(시 127:4-5, 현대인의 성경)

자녀는 부모에게 든든한 존재다. 하나님이 이루실 미래의 축복을 품고 있는 존재기 때문에 더욱 그렇다.

자녀는 하나님께서 주신 선물인 만큼 반드시 아름다운 작품이 된다. 그 모습을 기대하며 축복해 주어야 한다.

어느 시인이 자녀들에게 아름다운 추억을 만들어 주기 위해 이런 기도시를 읊는다.

주님!
조그마한 손들이 끊임없이 사소한 일로 나를 요구하고 있을 때
내게 인내를 주옵소서!

오, 제게
부드러운 말과
미소 짓는 눈을 주옵시고
성급하고 날카로운

대답을 하지 않도록

제 입술을 지켜 주옵소서

피곤함과 혼동과 소음이

곧 사라질 생의 기쁨에 대한

나의 환상을 아끼지 않게 하옵소서

그러다가 우리 집이

잠잠해질 때가 되었을 때

쓰라린 추억이

그 방을 메우지 않게 하옵소서

　자녀는 우리가 힘겹게 여길 짐이나 힘들어 할 애물이 아니라 하나님이 주신 은혜의 선물임을 기억하자. 하나님의 시선으로 자녀를 바라보며 자녀에게 사랑과 축복의 말을 전하는 부모가 될 때, 가정마다 자녀를 통한 놀라운 하나님의 역사가 펼쳐질 것이다.

부모갱신

초판 1쇄 발행   2018년 4월 6일

지은이   조봉희
발행인   이영훈
주 간   김호성
편집인   김형근
편집장   박인순
기획·편집   강지은
영업·마케팅   김미현 이기쁨 김진홍
디자인   김한희

펴낸곳   교회성장연구소
등 록   제 12-177호
주 소   서울특별시 영등포구 여의공원로 **101 CCMM**빌딩 **7**층 **703B**호
전 화   02-2036-7928(편집팀) 02-2036-7935(마케팅팀)
팩 스   02-2036-7910
쇼핑몰   **www.pastormall.net**
홈페이지   **www.pastor21.net**
페이스북   **www.facebook.com/pastor21**

ISBN | **978-89-8304-281-1 03230**

"무슨 일을 하든지 마음을 다하여 주께 하듯 하라." (골 3:23)

교회성장연구소는 한국의 모든 교회가 건강한 교회성장을 이루어 하나님 나라에 영광을 돌리는 일꾼으로 성장하는 것을 목표로, 목회자의 사역과 성도들의 영적 성장을 도울 수 있는 필독서들을 출간하고 있다. 주를 섬기는 사명감을 바탕으로 모든 사역의 시작과 끝을 기도로 임하며 사람 중심이 아닌 하나님 중심으로 경영한다. "무슨 일을 하든지 마음을 다하여 주께 하듯 하라."는 말씀을 늘 마음에 새겨 하나님께서 주신 사명을 기쁨으로 감당하고 있다.